DETECTIVES  AT WORK

**Mit Illustrationen
von Sabine Völkers**

Renate Ahrens

In Den Krallen Der Katze

Ein deutsch-englischer Kinderkrimi

Rowohlt Taschenbuch Verlag

Die Illustrationen von Sabine Völkers auf den Seiten 5 und 15
wurden inspiriert von Paul Klees Gemälde *Cat and Bird*,
das im *Museum of Modern Art* in New York ausgestellt ist.

Originalausgabe
Veröffentlicht im Rowohlt Taschenbuch Verlag,
Reinbek bei Hamburg, Januar 2009
Copyright © 2009 by Rowohlt Verlag GmbH,
Reinbek bei Hamburg
Lektorat Marie-Ann Geißler
Umschlag- und Innenillustrationen Sabine Völkers
Umschlaggestaltung any.way, Barbara Hanke/Cordula Schmidt
Satz Plantin PostScript (InDesign)
bei KCS GmbH, Buchholz bei Hamburg
Druck und Bindung Druckerei C. H. Beck, Nördlingen
Printed in Germany
ISBN 978 3 499 21484 4

In den Krallen der Katze

Look at that!

Niklas stand am Fenster und blickte an den weißen, grauen und silbrig glänzenden Wolkenkratzern hinauf. Sie waren so hoch, dass er den Himmel nicht sehen konnte. Dabei wohnten sie selbst im 19. Stock.

Als er nach unten in die Straßenschlucht schaute, wurde ihm etwas schwindelig. Die Wagen, die dort hin und her flitzten, sahen aus wie kleine Spielzeugautos. Deutlich konnte er unter ihnen die gelben Taxen erkennen.

Gestern waren Papa, Mama, seine jüngere Schwester Lea und er in so einem Taxi vom New Yorker Flughafen zu ihrem Apartment-Hotel in Manhattan gefahren, wo Papa eine Wohnung gemietet hatte.

Nebenan wohnten ihre südafrikanischen Freunde Johnny und Julie mit ihren Eltern. Sie waren auch gestern angekommen.

Julie hatte er im ersten Moment fast nicht erkannt. All die Schminke, das Haargel und die modischen Klamotten! Sie sah aus wie sechzehn. Dabei war sie gerade erst dreizehn geworden.

«Hi, good to see you!», sagte sie zur Begrüßung.

«Hallo …», murmelte er.

«I've got my laptop with me», verkündete Johnny sofort. «And I've set up the internet connection in the flat.»

«Super!», rief Lea.

Und in der nächsten halben Stunde redeten die beiden über nichts anderes mehr!

Papa würde in diesem Sommer wieder einen Film mit Mr. Saunders drehen. Die Zusammenarbeit in Kapstadt und London hatte ihm so gut gefallen, dass für ihn nur noch Mr. Saunders als Kameramann in Frage kam. Und Mrs. Saunders hatte ihr *Bed & Breakfast* wieder für zwei Monate geschlossen, weil in Südafrika jetzt Winter war und nicht so viele Touristen kamen.

«New York ist eine irre Stadt!», hatte Papa abends geschwärmt. «Hier gibt's nichts, was es nicht gibt! Verrückte Leute, exotisches Essen, tolle Architektur! Und wenn ich erst an die Kunstszene denke, die Theater, die Jazzclubs –»

«Ist ja gut», unterbrach Mama ihn. «Leider ist es hier aber auch furchtbar heiß und schwül! Wie im Treibhaus! Ich bin froh, dass wir Mütter mit den Kindern in zehn Tagen nach Cape Cod ans Meer fahren.»

«In der Wohnung ist es schön kühl!», rief Lea.

«Ja, weil wir eine Klimaanlage haben», sagte Niklas.

«Die gibt's überall», meinte Mama. «Sonst würde im Sommer niemand arbeiten können.»

Upper Midtown hieß ihr Stadtteil, und Park Avenue war der Name ihrer Straße. Niklas hatte sie gleich auf dem Stadtplan gefunden. Von hier war es nicht weit zum Central Park, und dort wollten sie heute hin.

Jetzt hörte er ein prasselndes Geräusch. War das etwa Regen? Ja, tatsächlich. Dicke Tropfen schlugen gegen die Fensterscheiben. Niklas war überrascht. In Hamburg hatte es auch geregnet, als sie losgeflogen waren, aber er hatte geglaubt, dass es im Juli in New York nur schönes Wetter gäbe.

Komisch, dass es in der Wohnung noch so ruhig war. Er sah auf seine Uhr. *Was?* Erst fünf nach fünf? War sie etwa stehengeblieben? Doch da fiel's ihm wieder ein: Natürlich. Die Zeitverschiebung! Sie hatten im Flugzeug die Uhr um sechs Stunden zurückgestellt. Das hieß, in Hamburg war's jetzt schon fünf nach elf. War er noch müde? Eigentlich nicht.

Trotzdem ließ er sich wieder auf sein Bett fallen. Er verschränkte die Arme hinterm Kopf und dachte darüber nach, wie die nächsten Wochen wohl werden würden. In den elf Monaten seit ihrem Abschied in London hatte Julie sich so verändert. Wahrscheinlich hatte sie gar keine Lust mehr, mit Kindern wie Johnny, Lea und ihm durch die Gegend zu ziehen.

Zum ersten Mal war er froh, dass Mama für die nächste Woche Ferienkurse für sie alle vier organisiert hatte. Er hatte sich einen Fotokurs ausgesucht, Johnny und Lea würden in ein Junior Ranger Day Camp gehen und den ganzen Tag fischen, Kanu fahren, Hütten bauen und Vögel beobachten. Und Julie machte irgendwas mit Design.

«Ich will nicht, dass ihr wieder auf dumme Gedanken kommt und irgendeinen Verbrecher jagt», hatte Mama gesagt. «New York ist schließlich ein gefährliches Pflaster.»

Niklas fand, dass Mama da ein bisschen übertrieb. Ja, gut, sie waren in Kapstadt Frank Breitenbacher auf die Spur gekommen, der den Plan hatte, junge Geparde nach Deutschland zu schmuggeln und für viel Geld zu verkaufen. Und in London hatten sie herausgefunden, dass der Café-Besitzer Fred Smith mit vergifteten Muffins den Ruf eines anderen Cafés zerstören wollte, das besser lief als seins. Und nicht nur das! Er hatte ein Mädchen entführt, weil es ihn bei seiner Vergiftungsaktion beobachtet hatte. Und später, am ladies' bathing pond, hätte er beinahe die Café-Besitzerin Sue Brookner mit einem Messer angegriffen.

Niklas lief ein kalter Schauer über den Rücken, wenn er daran dachte, wie Johnny und er am Badeteich im Gebüsch gesessen und auf die Polizei gewartet hatten. Das hätte auch schiefgehen können!

Lea hatte irgendwann im Winter durchs Internet erfahren, dass Fred Smith zu sechs Jahren Gefängnis ohne Bewährung verurteilt worden war. Natürlich hatte sie noch am selben Tag eine Mail an Johnny geschickt und sich mit ihm darüber ausgetauscht.

Es verging keine Woche, ohne dass die beiden sich mailten. Julie und er mailten sich nie.

Auch Lea hörte ein merkwürdiges Geräusch. Sie setzte sich in ihrem Bett auf. War das etwa Regen? Das konnte doch nicht wahr sein! An ihrem ersten Tag in Manhattan regnete es in Strömen! Und sie hatte sich so darauf gefreut, dass sie heute in den Central Park gehen würden.

Später, als sie alle mit Johnny, Julie und ihren Eltern beim Frühstück saßen, goss es immer noch. Und jetzt fing es sogar an zu donnern!

«I think we might have to change our plans», sagte Mr. Saunders und biss in seinen Bagel.

«Perhaps the rain will stop soon», meinte Johnny.

«It doesn't look like it», entgegnete Mr. Saunders.

«Was haltet ihr davon, wenn wir ins *MoMA* gehen?», schlug Papa vor.

«Ins *was*?», riefen Niklas und Lea wie aus einem Mund.

«Ins *Museum of Modern Art*. Das ist gleich hier um die Ecke.»

«Oh, nee!», stöhnte Lea. «Bloß nicht ins Museum.»

«Museums are boring», murmelte Johnny.

«Dieses nicht», erwiderte Mrs. Saunders. «Im *MoMA* gibt's sogar eine Design-Abteilung.»

«Really?», rief Julie. ‹That sounds great.›

«Und ich habe was über eine Fotoausstellung gelesen, die gerade eröffnet wurde», sagte Mama. «Das klang auch sehr interessant.»

«Fotos würde ich mir angucken», meinte Niklas nach kurzem Zögern.

«Und ihr beide, Julie und du, könntet dann schon mal schauen, wo ab Montag eure Kurse stattfinden», sagte Papa.

Schmollend schob Lea ihren Teller zurück. Immer wurde das gemacht, was die Großen wollten.

Der Fahrstuhl fuhr so schnell, dass Niklas einen dumpfen Druck in den Ohren verspürte. So was Verrücktes, im 19. Stock zu wohnen, dachte er.

Nun, wo sie auf dem Weg zum Museum waren, hatte der Regen schon fast aufgehört. Vielleicht würden sie später ja doch noch in den Central Park gehen.

«That's the *Waldorf-Astoria Hotel*», sagte Mr. Saunders und zeigte auf die andere Straßenseite.

Niklas sah zuerst die goldenen Figuren rechts und links über dem riesigen Eingang. Dazwischen stand in goldenen Buchstaben *THE WALDORF-ASTORIA*.

«Es ist eines der berühmtesten und teuersten Hotels der Welt», erklärte Mama. «Manche Leute wohnen sogar ständig dort.»

«Die müssen ja steinreich sein!», rief Lea.

Johnny legte den Kopf in den Nacken und versuchte die Stockwerke zu zählen. «How many storeys does it have?», fragte er schließlich.

«Forty-seven, I think», antwortete Mr. Saunders.

«Wow!!!»

«Im *Waldorf-Astoria* sind auch schon tolle Filme gedreht worden», sagte Papa. «Muss ein Vermögen kosten, hier eine Drehgenehmigung zu bekommen.»

Sie gingen weiter. Julie hatte bisher nur geschwiegen.

«Ist eure Wohnung okay?», fragte Niklas schließlich.

«Yes, it's not bad.»

Damit war das Gespräch schon wieder beendet. Das kann ja heiter werden, dachte Niklas. Sechs Wochen Sommerferien mit dieser eingebildeten Kuh.

Jetzt blieb sie vor einem Schaufenster stehen und sah sich die Klamotten an.

Niklas ging weiter. Sollte sie doch machen, was sie wollte. Er würde nicht hinter ihr herlaufen.

Ein paar Minuten später hatten sie das *MoMA* erreicht.

«What an amazing building!», rief Mr. Saunders begeistert.

Ja, das Gebäude aus Glas, Stahl und hellem Stein gefiel Niklas auch.

«Na ja», sagte Lea und rollte die Augen.

Drinnen steuerte Julie sofort die Design-Etage an, um sich witzige Möbel, Toaster und Plattenspieler anzusehen.

Niklas zog es in die Fotoausstellung, wo er sich Schwarzweißfotos von New York in den zwanziger Jahren anguckte. Er hatte nicht gewusst, dass es damals auch schon so viele Wolkenkratzer gegeben hatte.

Nach dem Mittagessen im Museumsrestaurant schlug Mama vor, noch ein paar Räume mit Bildern anzusehen.

«Ich hab aber keine Lust mehr!», protestierte Lea.

«Es hat gerade wieder angefangen zu regnen. Da

sind wir hier drinnen besser aufgehoben», erwiderte Mama.

In einem Raum entdeckte Niklas ein Bild von einem Katzenkopf. Zwischen den Augen der Katze saß ein kleiner pinkfarbener Vogel. Die Katze schien von einem Vogel zu träumen, den sie bald verspeisen würde. *Paul Klee. Cat and Bird. 1928*, stand darunter.

«Könnte ein Kind gemalt haben», fand Lea.

«Na und?»

Lea zuckte mit den Achseln und ging weiter.

Niklas schaute sich die Farben von *Cat and Bird* nochmal genauer an. Eine Mischung aus Orange, Braun, Grün, Gelb und Rosa. Das Bild gefiel ihm.

«It's marvellous, isn't it?», sagte da eine Frau hinter ihm.

Er blickte sich um. Meinte sie etwa ihn? Ja, sie lächelte ihn an, eine junge Frau mit roten Locken und grünen Augen.

«My son loves that cat, too.»

Er mochte ihre Stimme.

«Where are you from?», fragte sie.

«Hamburg.»

«That's a wonderful city!» Sie fuhr sich mit der Hand durch ihre Locken. «So you're interested in art?»

«And photography», sagte Niklas, «I'm starting a course here on Monday.»

«How interesting! Do you want to become a photographer?»

«No, a detective», rutschte es ihm heraus.

«Oh, really?» Sie schaute ihn verblüfft an. «Tell me why!»

Da erzählte er ihr, dass er mit seiner Schwester und seinen südafrikanischen Freunden schon zwei Fälle gelöst hätte, einen in Kapstadt und einen in London.

«You must be very clever! And your English is excellent, did you know that?»

Niklas schoss das Blut in den Kopf. Verlegen wandte er seinen Blick ab. Es war so voll hier. Und wo waren die anderen? Hatte er sie etwa verloren?

«I have to go now», murmelte er.

«Yes, of course, I understand.» Die Frau lächelte wieder. «Bye-bye.»

«Bye ...»

Niklas zwängte sich durch die Menge und sah kurz darauf Lea, die versuchte, Papa hinter sich her zu ziehen.

«Da bist du ja endlich!», fauchte sie. «Ich hab jetzt wirklich genug vom Museum!»

Offenbar hatte sie gar nicht bemerkt, dass er sich mit der Frau unterhalten hatte. Er musste es ihr ja auch nicht unbedingt erzählen.

Draußen regnete es immer noch. Also konnten sie den Central Park für heute vergessen.

Auf dem Nachhauseweg gingen die Eltern vorweg und plauderten. Ihnen folgten Lea und Johnny, die mal wieder über Computer redeten. Nur Niklas und Julie liefen schweigend nebeneinanderher. Es kam ihm so vor, als ob sie sich furchtbar langweilte.

Als sie am Apartment-Hotel ankamen, hatte Lea die Idee, noch weiter auf eigene Faust durch die Gegend zu ziehen, trotz des Regens.

«Kommt überhaupt nicht in Frage», sagte Papa.

«Aber wir sind doch keine Babys mehr!», protestierte Lea.

«I agree with your Dad», sagte Mr. Saunders. «New York is a dangerous place.»

«Are you telling us that we're not allowed to leave the apartment at all?», fragte Julie gereizt. «Not even the four of us together?»

Niklas glaubte, er hätte sich verhört. Jetzt ging's Julie auf einmal doch um ihre Vierergruppe. Dabei wollte sie bisher nichts mehr von ihnen wissen.

«Let's talk about it tomorrow, when you know your way around a bit better», meinte Mr. Saunders.

«You can't be serious!», schimpfte Julie.

Im Fahrstuhl herrschte nun dicke Luft. Niklas war froh, als Johnny vorschlug, dass sie noch mit in sein Zimmer kommen könnten.

«Aber nicht nur vorm Computer hocken!», sagte Mama.

«Was dürfen wir denn tun?», rief Lea genervt.

«Lass sie doch», murmelte Papa.

Ruck, zuck steuerten sie Johnnys Zimmer an. Julie zögerte noch einen Moment, dann folgte sie ihnen.

«Kein Fall in Sicht», sagte Lea enttäuscht, nachdem sie die Tür hinter sich geschlossen hatten. «Und dabei hatte ich gedacht, in New York passiert so viel.»

«Do you think there's a case waiting for us wherever we turn up?», fragte Julie schnippisch.

«You wouldn't be interested in a case anyway», stöhnte Johnny. «All you can think about is your hairstyle and stuff like that.»

«That's not true!», rief Julie.

Niklas grinste. Es tröstete ihn etwas, dass es Johnny mit Julies Veränderung offenbar genauso ging wie ihm selbst.

«Ich fänd's so super, wenn wir wieder in irgendwas verwickelt werden würden!», rief Lea, ohne auf die beiden zu achten.

«Mama und Papa würden an die Decke gehen», sagte Niklas.

«So would our parents», stimmte Johnny zu.

«But we were a really good team when we tracked down Frank Breitenbacher and Fred Smith», sagte Julie leise.

Niklas horchte auf. Jetzt klang sie wieder etwas wie früher. Aber das hielt bestimmt nicht lange an.

Johnny schaltete seinen Laptop ein. «Let's see what the Internet tells us about crime in New York.»

Leider fanden sie so viele Websites mit Hinweisen auf Verbrechen in New York, dass sie schon bald ganz erschlagen waren und es aufgaben, nach einem Fall zu suchen, dem sie nachgehen könnten.

Als Niklas abends im Bett lag, dachte er nochmal kurz an die Frau mit den roten Locken. Noch nie hatte er jemanden mit so grünen Augen gesehen. Und was er ihr alles erzählt hatte! Sonst gab er Fremden gegenüber nicht so viel preis. Aber das war ja das Seltsame: Sie war ihm überhaupt nicht fremd vorgekommen.

WIE KOMMEN WIR DA REIN?

Am nächsten Morgen schien die Sonne.

«Heute gehen wir in den Central Park!», verkündete Papa beim Frühstück. «Das Wetter ist viel besser, und am Boathouse können wir Boote mieten und eine Fahrt auf dem See machen.»

«Und später vielleicht noch eine Radtour», fügte Mama hinzu. «Räder gibt's da nämlich auch.»

«Super!», rief Niklas.

Papa zeigte auf seinen Reiseführer. «Da steht drin, dass man im Restaurant am See sehr lecker essen kann.»

«Hauptsache, es gibt dort keine vergifteten Muffins», murmelte Lea.

«Hör bloß auf!», sagte Mama.

«Wann geht's denn los?», fragte Niklas.

«Um zehn.»

Julie war die Letzte, die zu ihnen in den Fahrstuhl stieg. Wieder hatte sie das ganze Gesicht voller Schminke. Sie gab ein müdes ‹hello› von sich und sah dabei so genervt aus, dass Niklas ihr am liebsten gesagt hätte, sie solle zu Hause bleiben.

20

«I think it would be best to take the subway», sagte Mr. Saunders und zeigte auf seinen Stadtplan.

Papa nickte. «Und von der Fifth Avenue gibt's einen Shuttle-Bus zum Boathouse.»

Ein paar Minuten später hatten sie den Eingang zur U-Bahn erreicht. Während sie die Stufen hinunterliefen, merkte Niklas plötzlich, dass Julie fehlte. Hatte sie sich etwa abgesetzt?

Nein, da kam sie. Sie hatte eine Zeitung gekauft, die sie in ihren Rucksack stopfte.

«Steht irgendwas Besonderes drin?», fragte er, als sie in die Bahn stiegen.

«I'll tell you later», flüsterte sie.

Sie klang nicht mehr gelangweilt, und Niklas hätte zu gern gewusst, was sie entdeckt hatte. Aber er musste sich gedulden, bis sie am Boathouse angekommen und die Eltern mit dem Mieten der Boote beschäftigt waren.

«Look at that!», sagte Julie leise und zog die Zeitung aus ihrem Rucksack. «*PRECIOUS DIAMOND RING STOLEN IN THE WALDORF-ASTORIA. A frequent guest in the hotel, who wishes to remain anonymous, claims that her diamond ring was stolen from her suite by a member of staff!*»

«Ein Diamantendieb im *Waldorf-Astoria*?» Leas Augen glänzten.

«Was bedeutet ‹staff›?», fragte Niklas.

«... Personal», antwortete Julie.

«Soll das heißen, dass die Frau ein Zimmermädchen

beschuldigt, ihren Diamantenring gestohlen zu haben?»

«Yes, a chambermaid or a waiter.»

«Nur wie kommen wir da rein?», überlegte Lea. «Kinder dürfen bestimmt nicht allein durch so ein Hotel laufen.»

«Vielleicht fragen wir Mama und Papa, ob sie's mit uns angucken», schlug Niklas vor.

«Aber die dürfen doch nichts von dem Fall mitkriegen!»

«Our Mom would love to have tea in a fancy place like that», meinte Julie.

Johnny nickte. «And while they're having their tea, we'll take a look around the hotel.»

«Super Idee!», sagte Niklas.

«Kommt ihr?», rief Papa in dem Moment. «Wir sind so weit.»

Die nächsten Stunden verbrachten sie mit Rudern auf dem See und Radfahren auf den Straßen, die durch den Central Park führten und am Wochenende für Autos gesperrt waren. Es machte viel Spaß, und trotzdem wünschte Niklas, die Zeit würde schneller vergehen. Hoffentlich könnten sie die Eltern überreden, nachher mit ihnen das *Waldorf-Astoria* anzusehen.

«And what would you like to do now?», fragte Mr. Saunders, als sie beim Mittagessen auf der Boathouse-Terrasse saßen.

Niklas schaute auf seine Uhr. Schon halb drei!

«How about having a look at the hotel you were talking about yesterday?», antwortete Julie. «What's the name again?»

Lea fing an zu kichern.

«Das *Waldorf-Astoria*?», sagte Papa erstaunt.

«Yes, that's it!»

Niklas gab seiner Schwester einen Knuff in die Seite. Warum konnte sie sich nicht beherrschen?

«Ich hätte nicht gedacht, dass ihr euch für ein Hotel interessiert», meinte Mama.

«Normal hotels wouldn't interest us», sagte Johnny, ohne die Miene zu verziehen. «But didn't you say that this was one of the most famous hotels in the world?»

Mrs. Saunders lächelte. «Also, ehrlich gesagt, ich hätte nichts dagegen, mal ins *Waldorf-Astoria* zu gehen. Vielleicht können wir dort Tee trinken.»

Das läuft ja super, dachte Niklas und starrte auf seine Hände. Er durfte die anderen jetzt nicht ansehen. Sonst würde sein Blick ihn noch verraten.

Lea trat von einem Fuß auf den anderen. Warum konnten sich die Erwachsenen nicht etwas beeilen?! Sie waren schon fast am *Waldorf-Astoria* angekommen, da blieben sie wieder stehen, um sich irgendwas anzugucken!

«What a wonderful skyscraper!», rief Mr. Saunders und zeigte auf einen turmartigen Wolkenkratzer, dessen glitzerndes Dach aussah wie die Schuppen eines Fisches. «That's the Chrysler Building!»

«Can't we go on?», fragte Julie ungeduldig.

«Die Kinder scheint heute nichts mehr beeindrucken zu können», meinte Mrs. Saunders und runzelte die Stirn.

«Doch!», rief Niklas schnell.

«Das ist wirklich ein toller Wolkenkratzer!», fügte Lea hinzu. Sie mussten aufpassen, dass die Erwachsenen nicht misstrauisch wurden.

Niklas hörte Klaviermusik, als sie die riesige Empfangshalle des *Waldorf-Astoria* betraten. Und tatsächlich saß da ein Mann mit langen grauen Haaren an einem Flügel und spielte.

Zwei junge Frauen, deren Sprache er nicht verstand, stöckelten auf ihren hohen Pumps an ihnen vorbei. Sie waren mit so viel Schmuck behängt, dass Niklas sich fragte, ob das nicht lästig war. Rechts und links entdeckte er hohe, breite Gänge mit Marmorfußböden, goldumrandeten Spiegeln, Palmen und Kristalllüstern. Überall standen exotische Blumensträuße, die so groß waren, dass nicht mal Papa sie tragen könnte. Wie in einem Schloss, dachte Niklas. Aber die Gäste, die hier herumliefen, schienen das alles ganz normal zu finden.

«Toll, diese Art-déco-Architektur!», rief Papa. «Hier würde ich wirklich gern mal einen Film drehen.»

«Man kommt sich so schon vor wie im Film», sagte Mrs. Saunders.

Mama nickte. «Stimmt, so großartig hatte ich es mir auch nicht vorgestellt.»

«Tea is being served on the *Cocktail Terrace*», verkündete Mr. Saunders grinsend und griff nach dem Arm seiner Frau.

Während die Erwachsenen Tee tranken und der Klaviermusik lauschten, streiften die vier durchs Hotel. Hier gab's nicht nur Restaurants und Bars, sondern auch Luxusboutiquen, Juweliere und sogar einen Friseur.

Über dem Eingang zu einem kleinen Raum entdeckte Lea ein Schild mit der Aufschrift: *Safe Deposit Boxes*. «Was ist das?»

«This is where you store your diamonds», antwortete Julie.

«Ah, die Safes! Wie interessant!»

«Nicht so laut», zischte Niklas ihr zu.

An den Wänden des Raums befanden sich lauter winzige Schließfächer aus Metall. Ein Mann mit schwarzen Locken, der hinterm Tresen stand, hatte gerade ein Fach geöffnet und reichte einer Inderin in einem goldgelben Sari ihren Pass und einen kleinen Lederbeutel.

«Shall we ask him about the stolen diamond ring?», flüsterte Johnny.

«No, let's move on before he notices us», flüsterte Julie zurück.

Zögernd lief Lea hinter den anderen her. Sie hätte den Mann auch gern nach dem Ring gefragt.

«There is no use in asking him questions, unless we have a plan», sagte Julie, nachdem sie sich auf eine Bank gesetzt hatten.

«Stimmt», murmelte Niklas. «Vielleicht hat er selbst was mit dem Diebstahl zu tun.»

«Where are your parents?», hörten sie da plötzlich eine strenge Stimme hinter sich sagen.

Sie drehten sich um. Vor ihnen stand ein Portier und schaute sie mit zusammengekniffenen Lippen an.

«They're having tea on the *Cocktail Terrace*», antwortete Julie schnell.

«Well, I suggest that you return to them immediately. Children are not allowed to run around on their own in the hotel.»

«No problem», antwortete Johnny und stand auf. «Let's go!»

Auf dem Weg zur *Cocktail Terrace* überlegten sie sich, dass sie auf keinen Fall gleich mit den Eltern zurück in die Wohnung gehen würden. Heute mussten sie ihnen einfach erlauben, noch allein durch die Gegend zu ziehen. Wie sollten sie sonst mit ihren Nachforschungen weiterkommen?

«Da seid ihr ja», sagte Mama. «Wir haben uns schon gewundert, wo ihr so lange bleibt.»

«It's such a wonderful hotel!», schwärmte Julie.

Papa hatte schon bezahlt und schlug vor, jetzt nach Hause zu gehen. Auf dem Weg zum Ausgang fragte Niklas ihn, ob sie noch etwas draußen bleiben dürften. Sie würden auch nicht weit gehen. Zu seinem Erstaunen nickte Papa.

«Wir haben das Thema eben beim Tee diskutiert. Hauptsache, ihr bleibt zu viert zusammen, geht nicht weiter als bis zum nächsten Block und seid spätestens um halb sieben zu Hause.»

«Na klar!»

«Wo wollt ihr denn hin?», fragte Mama.

«Nur 'n bisschen rumgucken», antwortete Lea.

«Wenn irgendwas ist, ruft ihr uns an, verstanden?»

«Mama, bitte!»

Endlich zogen die Eltern ab.

«Wollen wir wieder rein?», fragte Lea.

Niklas zuckte mit den Achseln. «Und dann?»

«Hey, look, who's there», sagte Julie leise und zeigte auf einen Mann mit schwarzen Locken, der gerade aus dem Hotel gekommen war.

«The man from the safe deposit boxes!», stellte Johnny fest.

«Vielleicht ist seine Schicht zu Ende», murmelte Niklas.

«Los, wir folgen ihm», schlug Lea vor.

Der Mann lief schnell. Wahrscheinlich würde er gleich in einen Bus steigen, oder er war auf dem Weg zur nächsten U-Bahn-Station.

Nein, sie hatten Glück. Jetzt überquerte er die Straße und betrat ein Café namens *Café Europa*. Durch die Scheibe sah Niklas, wie er auf einen älteren Mann mit einer Sonnenbrille zuging und sich an seinen Tisch setzte.

«Let's have something to drink», sagte Julie und stieß die Tür zum Café auf.

Hier herrschte Selbstbedienung. Alle vier nahmen

eine Cola und setzten sich an einen Tisch nicht weit von den beiden Männern entfernt. Leider unterhielten die sich so leise, dass man kein Wort verstehen konnte.

«Warum nimmt der andere Typ seine Sonnenbrille nicht ab?», fragte Lea.

«Ist doch klar», antwortete Niklas. «Er will nicht erkannt werden.»

Schweigend beobachteten sie weiter die Männer.

«I think they're leaving», flüsterte Johnny nach einer Weile.

Und richtig. Die Männer waren aufgestanden und gingen auf den Ausgang zu.

«We'll take our Coke with us», sagte Julie und deutete mit dem Kopf zur Tür.

Sie folgten den Männern die Lexington Avenue entlang. Der Typ mit der Sonnenbrille fuchtelte mit den Händen in der Luft herum. Ob sie sich stritten? Plötzlich bogen sie rechts ab in den Eingang eines Hotels.

«Das gibt's doch nicht!», rief Lea und zeigte auf den Namen. «*THE WALDORF-ASTORIA*. Das Hotel hat einen zweiten Eingang.»

«That's good to know», meinte Julie.

In dem Augenblick kam eine Frau mit roten Locken aus dem Hotel. Niklas erkannte sie sofort, und sie erkannte ihn auch, denn sie zwinkerte ihm verstohlen zu und stieg dann in eine große schwarze Limousine mit getönten Scheiben.

«Was ist?», fragte Lea. «Bist du festgewachsen?»

«Ich komme schon», murmelte Niklas.

Aber sie kamen nicht weit. Am Eingang stand der Portier von vorhin und stellte sich ihnen in den Weg, als sie versuchten, an ihm vorbeizuschlüpfen.

«You're not guests in the hotel. So I have to kindly ask you to go home to your parents.»

So schnell sie konnten, rannten sie nun zum Park-Avenue-Eingang des Hotels, doch der Portier musste seinem Kollegen Bescheid gesagt haben, denn auch hier wurden sie nicht hereingelassen.

«So ein Mist!», fluchte Lea.

«We have to wait until tomorrow», sagte Julie. «Perhaps we'll be lucky and someone else will be standing at the doors.»

Enttäuscht liefen sie nach Hause zurück. Während sich die drei anderen über die beiden Männer unterhielten, dachte Niklas an die Frau mit den roten Locken. Er konnte es immer noch nicht fassen, dass sie im *Waldorf-Astoria* wohnte.

CAT AND BIRD

Als Niklas am Montagmorgen aufwachte, dachte er als Erstes an die Ferienkurse, die heute anfingen, und dass er viel lieber nach dem Diamantendieb suchen würde.

Aber es gab auch etwas Gutes. Seitdem Julie den Artikel in der Zeitung entdeckt hatte, konnten sie endlich wieder wie früher miteinander reden. Da machte es nichts, dass sie sich so viel Make-up ins Gesicht schmierte.

«Lea, beeil dich! Wir müssen los!», hörte er Mama im Flur rufen.

Die Mütter hatten verabredet, dass sie Lea und Johnny abwechselnd mit der U-Bahn zu ihrem Junior Ranger Day Camp irgendwo im Norden von Manhattan bringen würden. Es fing schon um neun Uhr an. Julie und er hatten Glück. Die Kurse im *MoMA* begannen erst um zehn.

«Niklas, aufstehen!» Mama stürzte in sein Zimmer und zog die Gardinen auf. «Müsli steht auf dem Tisch, die Milch ist im Kühlschrank, und wenn du eine Banane willst –»

«Mach doch nicht so 'n Stress! Ich hab Sommerferien!», beschwerte er sich.

Aber Mama sprach einfach weiter. «Mrs. Saunders und ich haben verabredet, dass ihr spätestens um zwanzig vor zehn losgeht.»

«Julie und ich finden den Weg auch allein.»

«Nein, am ersten Tag wird sie euch begleiten, damit ihr in eure richtigen Kurse kommt.»

«Und was ist, wenn ich kein Wort verstehe?»

«Du wirst dich reinhören. Außerdem geht es ja auch um praktische Arbeit. So stand es zumindest in der Kursbeschreibung. Und du hast doch schon viel Erfahrung mit dem Fotografieren!»

Niklas rollte sich zur Wand und zog sich die Decke über den Kopf.

Da spürte er Mamas Hand auf seinem Rücken.

«Ich bin mir sicher, dass dir der Kurs viel Spaß machen wird. Und wenn er dir überhaupt nicht gefällt, rufst du mich an, und ich hole dich ab.»

«Okay ...»

«Viel Glück!»

Sie stand auf und ging aus dem Zimmer. Vielleicht konnte er jetzt noch eine kleine Runde schlafen.

Aber da kam Lea herein und zupfte an seiner Decke.

«Was ist?», brummelte Niklas.

«Lass dein Handy an», flüsterte sie. «Damit wir zwischendurch planen können, wie wir nachher ins *Waldorf-Astoria* reinkommen.»

«Mach ich.»

«Diese blöden Kurse!»

«Das kannst du wohl sagen!»

Julie hatte auch keine Lust, in ihren Kurs zu gehen. Das sah Niklas sofort, als sie sich um zwanzig vor zehn am Aufzug trafen.

«Morgen, Niklas», rief Mrs. Saunders. «Freust du dich?»

«Geht so ...»

Mrs. Saunders blickte ihn prüfend an. «Ist dir nicht gut?»

«Doch ...»

«Merkwürdig, ihr kommt mir heute alle so bedrückt vor. Vielleicht wär's besser gewesen, wenn ihr gemeinsam einen Kurs belegt hättet.»

«Or no course at all», meinte Julie. «It's like going to school.»

«Aber du warst so erpicht auf diesen Design-Kurs!»

«Well, I've changed my mind.»

«Willst du versuchen, in meinem Fotokurs mitzumachen?», fragte Niklas.

Julie schüttelte den Kopf. «I don't know anything about photography.»

«Und ich hab keine Ahnung von Design», sagte Niklas.

«I'm sure one can't change courses anyway», meinte Julie.

Schweigend liefen sie zum *MoMA*. Und nachdem sie ihre Kursräume gefunden hatten, verabschiedeten sie sich schnell von Mrs. Saunders.

«There's a lunch break between one and two o'clock. We should be able to meet up then», schlug Julie vor.

«Ja, und dann müssen wir uns was einfallen lassen, wie wir heute Nachmittag die Portiers im *Waldorf-Astoria* überlisten können.»

Julie schaute auf ihr Handy. «Johnny has just sent me a text to say that they are watching birds this morning!»

«Na super!»

Kurz vor elf. Niklas wünschte, es wäre schon eins. Der Kursleiter hieß Rob; er sprach so schnell, dass Niklas wirklich kaum etwas verstand.

Die anderen konnten alle fließend Englisch; das hatte er gleich bei der Vorstellungsrunde gemerkt. Und sie waren älter als er, mindestens fünfzehn oder sechzehn.

«Niklas?»

«Yes ... sorry?»

«I was just saying that after my introduction we now want to have a look at four of the photos in the exhibition here at the museum.»

«Okay ...»

Die Ausstellung kannte er ja schon, dachte Niklas enttäuscht, als er hinter den anderen herlief.

Aber dann fand er es doch interessant, welche vier Fotos Rob ausgewählt hatte. Auf allen waren New Yorker Gebäude oder Ausschnitte davon abgebildet. Und weil es jetzt etwas Konkretes anzusehen gab, fiel es Niklas auch nicht mehr so schwer, Rob zu verstehen.

Er erklärte ihnen, wie ein extremer Blickwinkel ein Gebäude schwindelerregend hoch erscheinen lassen konnte, höher, als es tatsächlich war. Auf einem anderen Foto spiegelten sich die Wolken in den unzähligen Glasscheiben eines Wolkenkratzers. Dadurch wirkte das Gebäude fast durchsichtig. Und das abstrakte Muster auf dem dritten Foto war Niklas schon am Sonnabend aufgefallen: lauter ineinander verschlungene Rohre, auf denen sich das Licht fing.

«And now look at that!», sagte Rob, als sie das vierte Foto betrachteten.

Niklas hatte das Gefühl, als ob das riesige Gebäude, das mit schräggehaltener Kamera aufgenommen worden war, direkt auf ihn zustürzte.

«The effect of holding the camera at this angle is dynamic and at the same time threatening.»

Angle hieß wahrscheinlich Winkel, überlegte Niklas. Und was war threatening? Vielleicht bedrohlich. Das war auf jeden Fall das Gefühl, das er hatte, wenn er das Foto betrachtete.

Auf dem Weg zurück in den Kursraum meinte er, in der Ferne eine Frau mit roten Locken zu sehen. Er drehte sich nochmal um, doch in dem Moment kam eine große Gruppe von Museumsbesuchern auf ihn zu und nahm ihm die Sicht.

Als er wieder auf seinem Platz saß, entdeckte er vor sich auf dem Tisch einen unbeschrifteten Briefumschlag. Er war zugeklebt.

«Is this yours?», fragte er seinen Nachbarn.

Der schüttelte den Kopf.

Niklas riss den Umschlag auf. Eine Postkarte mit

36

dem Katzenkopf fiel ihm entgegen. *Cat and Bird.* Das
Gemälde von Paul Klee. Sein Herz klopfte. Auf der
Rückseite der Karte stand eine Nachricht:

*Would you like to have an ice cream with me at 3.30 pm?
We could meet at the entrance.*

Kind regards
Sandra Ford

Wie hatte sie den Kursraum gefunden, und woher
wusste sie, wo sein Platz war?

Er blickte hoch. An einer Wand des Raumes gab es
Fenster zum Flur hin. Die waren ihm vorher nicht aufgefallen. Sandra Ford musste ihn durch diese Fenster
beobachtet haben.

«What were your impressions of the photos we looked
at?», fragte Rob und blickte in die Runde.

Niklas schob die Karte in den Umschlag zurück. Er
musste sich jetzt zusammenreißen. Aber das war leichter gesagt als getan.

«Niklas?»

«I thought … they were great … all of them.»

«Can you be more specific?»

«I liked the one with the … abstract pattern …»

«Very good.»

Erleichtert stellte Niklas fest, dass er ‹abstraktes
Muster› richtig übersetzt zu haben schien. Er lehnte
sich wieder zurück. Plötzlich hatte er eine Idee. Sandra
Ford wohnte im *Waldorf-Astoria*. Vielleicht könnte sie
ihnen helfen, etwas über den Diamantendieb herauszufinden.

Would you like to have an ice cream with me at 3.30 pm? We could meet at the entrance.

Kind regards

Sandra Ford

Sollte er Julie beim Mittagessen von Sandra Ford erzählen? Sie würde ihn bestimmt komisch angucken und womöglich mit den anderen darüber reden. Und dann hätte Lea was zu lästern: Niklas trifft sich mit fremden Frauen.

Nein, besser er sagte nichts zu den anderen.

WARUM BIST DU SO STILL?

In der Mittagspause rutschte es Niklas dann doch fast heraus, dass er jemanden kannte, der im *Waldorf-Astoria* wohnte; zum Glück konnte er sich gerade noch bremsen.

So richtig locker war die Stimmung zwischen Julie und ihm allerdings immer noch nicht. Er versuchte ihr von seinem Fotokurs zu erzählen, aber sie hörte ihm kaum zu, so wenig interessierte sie sich dafür. Nur wenn sie über den Diamantendiebstahl sprachen, dann war alles wie früher.

Nach dem Essen verabredeten sie, dass sie sich um kurz nach vier, wenn ihre Kurse zu Ende waren, am Ausgang vom *MoMA* treffen würden, um anschließend zum *Waldorf-Astoria* zu gehen.

Lea hatte eine SMS geschickt, dass sie nicht vor halb sechs von ihrem Camp zurückkämen. So lange wollten Niklas und Julie nicht warten. Außerdem würde es zu zweit bestimmt leichter sein, ins Hotel zu kommen, als zu viert.

Jetzt war es zwanzig nach drei. In zehn Minuten würde er sich mit Sandra Ford treffen. Rob hatte ihnen die Aufgabe gestellt, stichwortartig aufzuschreiben, worauf sie achten würden, wenn sie ein Foto machen wollten. *What I think about before taking a photo.* Niklas hatte noch nie zuvor über so etwas nachgedacht. Er machte seine Fotos immer nach Gefühl.

«Would you please hurry up and finish, so that we can compare notes», rief Rob.

Was sollte er ihm sagen? Dass er früher gehen müsste, weil seine Mutter auf ihn wartete? Oder weil ihm schlecht sei? Nein. Er würde einfach gar keinen Grund nennen.

Langsam hob er seinen Arm.

«Niklas, would you like to start?»

Er schüttelte den Kopf. «I'm sorry ... but I have to go now ...»

«Oh!» Rob blickte ihn erstaunt an. «That's a pity. Can I have a look at your notes?»

«Yes ... of course.»

Niklas reichte ihm seinen Zettel, auf dem er fünf Fragen notiert hatte:

– *What will be the centre of my photo?*

– *What will be my background?*

– *Do I need a flashlight?*

– *Where is the sun?*

– *Is anybody about to walk in front of my lens?*

Rob überflog die Fragen und nickte. «Please ask the others tomorrow morning about the aspects the group has come up with.»

«Okay ...» Niklas griff nach seinem Rucksack. «Bye ...»

41

«Bye-bye.»

Er verließ den Raum so geräuschlos wie möglich. Aber es kam ihm so vor, als ob alle warteten, bis er gegangen war.

Schon von weitem sah er die roten Locken von Sandra Ford. Sie lächelte, als er auf sie zukam.

«Hello!»

«Hello ...»

«What's your name?», fragte sie und legte ihm kurz die Hand auf die Schulter.

«Niklas Thiessen.»

«I'm so glad you've come, Niklas.»

«It wasn't easy ...»

«Yes, I can imagine that Rob didn't want to let you go early.»

Sie kannte Rob? Wer weiß, wen sie hier noch alles kannte.

«There's a nice place not far from here», sagte sie, als sie nach draußen gingen. «They have wonderful ice cream.»

«But I have to be back ... by four o'clock, because my friend Julie will be waiting for me», erklärte Niklas.

«Don't worry. We'll be back in time.»

In einem Café um die Ecke bestellte sie ein Schokoladeneis für ihn und für sich einen Espresso.

«Thanks», murmelte Niklas.

«You're welcome.»

Dann fing Sandra Ford an zu erzählen. Dass sie mit ihrem Mann und ihrem Sohn in Westchester County, nördlich von Manhattan, lebe. Aber im Augenblick hätte sie so viel in der Stadt zu tun, dass sie ihre Familie noch nicht mal jedes Wochenende sehen könne, sondern viel im Hotel wohnen müsse. Sie sei Gutachterin für ein Auktionshaus, in dem moderne Bilder versteigert würden.

«How old is your son?», fragte Niklas und blickte verstohlen auf seine Uhr. Schon zehn vor vier.

«He just turned fifteen.»

«Really?»

Er hätte nicht gedacht, dass Sandra Ford einen fünfzehnjährigen Sohn hatte. Sie sah noch so jung aus.

«Shall we have lunch together tomorrow?»

«I don't know ...»

«You could come to my hotel at one o'clock. I'll ask for something nice to be served in my suite.»

Niklas' Gedanken begannen zu rasen. Das wäre eine super Gelegenheit, um ins *Waldorf-Astoria* zu kommen. Dann könnte er Sandra Ford auch fragen, ob sie wüsste, wem der Ring gestohlen worden war und ob die Polizei jemanden in Verdacht hatte.

«What do you think?»

«Okay ... I'll be there.»

«That's great. I very much look forward to seeing you.»

Niklas stand auf. «I have to go now ... See you tomorrow ... and thanks for the ice cream ...»

Sie lächelte wieder. Ihre grünen Augen funkelten.

So schnell er konnte, rannte Niklas zurück zum

MoMA. Schon fünf nach vier. Aber Julie war noch nicht da.

Er fuhr sich mit beiden Händen durch seine dunklen Locken. Hoffentlich würde sie ihm nicht ansehen, dass er gerannt war.

Da kam sie auch schon.

«Sorry I'm late.»

«Macht doch nichts.»

‹The people in my course are really nice. They're going to have an ice cream now, but I said I couldn't go.»

Bei dem Wort ‹ice cream› zuckte Niklas zusammen. Sollte er Julie doch erzählen, was passiert war? Er fand es nicht gut, ein Geheimnis vor ihr zu haben.

«Are you okay?»

«Na, klar. Aber wenn du gern Eis essen willst ...»

«No, we need to go back to the *Waldorf-Astoria*.»

Als sie die Straße überqueren wollten, fuhr eine große schwarze Limousine mit getönten Scheiben an ihnen vorbei. Der Chauffeur trug eine Mütze. Hinten saß eine einzelne Person. Erst im letzten Moment erkannte Niklas Sandra Ford.

«Look at that car!», rief Julie. «Some people just have too much money!»

Sollten sie jetzt wirklich zum *Waldorf-Astoria* gehen?, fragte sich Niklas. Was war, wenn Sandra Ford ihnen dort begegnete und ihn auf ihre Verabredung ansprach? Nein, gestern, als sie aus dem Hotel gekommen war, hatte sie auch nichts gesagt, sondern ihm nur kurz zugezwinkert. Sie ahnte sicher, dass er ihre Begegnung vor seinen Freunden lieber geheim hielt.

«Niklas?»

«Ja?»

Julie schaute ihn stirnrunzelnd an. «Let's go.»

Sie waren höchstens zehn Minuten gegangen, da hatten sie schon die Park Avenue erreicht. Auf der anderen Straßenseite war der Eingang zum *Waldorf-Astoria*.

Sandra Ford wird schon nicht da sein, beruhigte Niklas sich selbst. Für so eine kurze Strecke hätte sie ihren Chauffeur bestimmt nicht bestellt. Der fuhr sie wahrscheinlich gerade ins Auktionshaus zurück.

«We should walk into the hotel as if it were the most normal thing in the world», sagte Julie. «We have to pretend that we're staying there with our parents.»

«Was sind unsere Zimmernummern?»

«Something really high, like 1919 and 1920.»

«Okay. Ich wohne mit meinen Eltern in der Nummer 1920.»

Sie hatten Glück. Als sie auf die Eingangstür zugingen, sahen sie sofort, dass heute dort ein anderer Portier stand. Julie lächelte ihm zu, und er lächelte zurück. Und schon waren sie drin.

«We just keep walking as if we know exactly where we're going», flüsterte Julie und steuerte auf die Fahrstühle zu.

Sie fuhren zuerst in den 19. Stock, liefen verschiedene Gänge entlang und sahen teuer gekleidete Menschen aus ihren Zimmern kommen.

Dann ging's ein paar Stockwerke tiefer, wo ihnen ein Kellner mit einem Silbertablett entgegenkam, auf dem eine Champagnerflasche und zwei Gläser standen. Er hatte eine weiße Serviette über dem Arm.

«Are you lost?», fragte er freundlich.

«No, we aren't», antwortete Julie schnell.

«May I ask you where your parents are?»

«They're taking a nap.»

«All right», sagte er. «Enjoy your stay.»

«Thanks», riefen Julie und Niklas wie aus einem Mund.

«Was ist ein ‹nap›?», flüsterte er, nachdem der Kellner verschwunden war.

«Ein ... Mittagsschlaf.»

«Um zwanzig vor fünf?», fragte Niklas zweifelnd.

Julie zuckte mit den Schultern. «The waiter didn't seem to be surprised. People who stay here can take a nap any time.»

Es machte viel Spaß, das *Waldorf-Astoria* auszukundschaften, aber leider fiel ihnen nichts Verdächtiges auf, nicht mal unten, in der Nähe des kleinen Raums mit den Safes. Heute hatte dort der ältere Mann, der im *Café Europa* eine Sonnenbrille getragen hatte, Dienst. Er war damit beschäftigt, den Pass einer alten Dame einzuschließen, die einen riesigen Federhut trug.

«Wer weiß, worüber er und der Mann mit den schwarzen Locken gestern geredet haben», sagte Niklas und seufzte. «Vielleicht ging's nur um Probleme mit ihrem Chef, ihren Ehefrauen oder ihren Kindern.»

Julie nickte. «We've reached a dead end.»

«Was ist ein ‹dead end›?»

«Eine ... Sackgasse.»

Niklas schluckte. Er wusste einen Weg aus der Sackgasse: Sandra Ford. Aber er konnte nicht über sie sprechen.

«We need to know so much more!», sagte Julie. «What's the name of the woman whose ring was stolen? How and when exactly did it happen? Who was responsible for cleaning her suite that day? Did the woman ask for her meals to be brought to her suite? Could a waiter have stolen the ring?»

«Vielleicht sollten wir hier mal jemanden danach fragen», schlug Niklas vor.

«I think if we try to do that they'll throw us out straight away.»

«Wir könnten es wenigstens versuchen. Zum Beispiel eine Putzfrau. Die wird uns nicht rauswerfen.»

«Well ... all right ...»

Sie stiegen wieder in den Fahrstuhl. Es war nicht so leicht, um diese Zeit eine Putzfrau zu finden. Die meisten Zimmer waren vermutlich schon fertig. Aber dann entdeckten sie doch eine junge Frau im neunten Stock.

«Sorry to disturb you», sagte Julie. «We were wondering if you could tell us the name of the lady whose diamond ring was stolen.»

Die Putzfrau schaute sie erschrocken an und schüttelte den Kopf.

«Has the thief been found?»

«I ... don't know!», stieß sie hervor und griff nach ihrem Eimer.

«Can you tell us anything about the case?»

Wieder schüttelte sie den Kopf. «You have to ... ask at the reception desk.»

Dann lief sie davon.

«Die weiß doch irgendwas», meinte Niklas.

«I think she was just afraid of us», entgegnete Julie. «She's probably worried that she might lose her job.»

Niklas nahm sich vor, morgen mit Sandra Ford über den Diebstahl zu sprechen. Und dann würde er den anderen alles erzählen.

«I'm tired», sagte Julie. «Let's go home.»

Lea und Johnny waren stocksauer, als sie erfuhren, dass Niklas und Julie ohne sie zum *Waldorf-Astoria* gegangen waren.

«Warum habt ihr denn nicht auf uns gewartet?!», rief Lea und stampfte mit dem Fuß auf.

«Because we knew that you wouldn't get back before half past five», antwortete Julie. «It would have been too late.»

«Wenn wir zu viert gewesen wären, hätten wir bestimmt irgendwas rausgefunden.»

«If there had been the four of us some member of staff would have noticed us straight away and thrown us out.»

«Wieso? Wir hätten uns ja aufteilen können.»

49

Johnny nickte. «I was absolutely certain that the man from the safe deposit boxes and the guy with the sunglasses were up to something. They looked so suspicious.»

«Was heißt das?», fragte Lea.

«... Verdächtig.»

«Ja, das fand ich auch!»

«As it turns out they're just colleagues», sagte Julie genervt.

«Aber auch Kollegen können irgendwas aushecken!»

«Well, Johnny and you can go and have a look for yourselves.»

«Fragt sich nur wann», stöhnte Lea. «Morgen werden wir im Camp 'ne Hütte bauen und nachmittags Kanu fahren.»

«Perhaps we can go out tonight, after supper», meinte Johnny.

«Forget it», antwortete Julie. «But you could check the Internet to see what the police have found out so far. There's bound to be some information.»

Niklas war sich nicht so sicher, ob es wirklich neue Informationen im Internet gab, aber er sagte nichts.

Und auch Johnny schaltete nur lustlos seinen Laptop ein.

«Warum bist du so still?», fragte Lea und gab Niklas einen Knuff in die Seite.

«Lass mich!»

Eine Weile schwiegen sie alle vier. Dann hatte Johnny endlich doch einen Artikel gefunden.

«*So far no arrest has been made*», las er vor. «*The owner of the diamond ring claims that the police are not giving the case their full attention.*»

«Das versteh ich nicht», sagte Lea.

«Die Besitzerin des Diamantenrings behauptet, dass die Polizei dem Fall nicht genug Aufmerksamkeit widmet», übersetzte Julie.

«We could do that much better if we didn't have to go to the camp every day», sagte Johnny.

«Genau», rief Lea. «Wir müssen uns einfach mal für einen Tag abmelden.»

ARE YOU TRYING TO BE FUNNY?

Beim Aufwachen überlegte Niklas, was er Julie sagen sollte, wenn sie sich für mittags wieder mit ihm verabreden wollte. Vielleicht könnte er behaupten, dass heute alle aus seinem Kurs gemeinsam mit Rob Mittag essen würden.

Shall we meet for lunch?», fragte Julie, als sie kurz vor zehn vorm *MoMA* standen.

Niklas brachte seine Ausrede vor, ohne Julie dabei ansehen zu können.

«Okay», antwortete sie erstaunt. «My classmates might well do the same ... See you at four o'clock then.»

Er war erleichtert, dass sie ihm keine weiteren Fragen stellte.

Um Punkt zehn kam Rob herein. Er wollte gleich von Niklas wissen, ob er sich bei den anderen Kursteilnehmern erkundigt hätte, was sie gestern in der letzten halben Stunde noch besprochen hatten.

«No ... not yet.»

«Well, you might get a chance to do it during your lunch break.»

Wenn du wüsstest, dachte Niklas.

Rob kündigte an, dass sie heute erörtern würden, welche Aspekte man berücksichtigen müsse, um ein gutes Foto zu machen. Zu diesem Zweck wolle er eine Reihe von Fotos gemeinsam mit ihnen analysieren.

Es fiel Niklas schwer aufzupassen. Ob er es schaffen würde, mittags mit Sandra Ford über den gestohlenen Diamantenring zu sprechen?

«Let's first talk about light», sagte Rob.

Wenn Niklas ihn richtig verstand, ging es um die Frage, wie sich das Licht auf Formen, Farben, Oberflächenstruktur, Umrisse und Muster auswirkte. Er zeigte ihnen Beispiele für Farbharmonien und Farbkontraste, für Silhouetten, Lichtsäume und Schatten.

Die Schattenbilder ließen Niklas wieder abschweifen. Seit gestern Abend war die Stimmung in ihrer Vierergruppe so schlecht wie noch nie. Lea hatte ihm nicht mal gute Nacht gesagt. Vielleicht hätten Julie und er doch nicht allein ins *Waldorf-Astoria* gehen sollen.

«When we now go out for our first practical session I would like you to concentrate on one of the aspects we've been considering», sagte Rob.

Niklas horchte auf. Das passte ihm sehr gut, dass sie jetzt rausgehen würden, um zu fotografieren. Er würde sich darauf konzentrieren, ein paar gute Schattenbilder zu machen, und dann direkt das *Waldorf-Astoria* ansteuern.

«Please stay near the museum and make sure you're back in class by a quarter to one.»

Nein, Rob würde leider ohne ihn auskommen müssen.

Viertel vor eins. Niklas war mit seinen Fotos noch nicht zufrieden, aber mehr Zeit hatte er nicht.

Er ließ seine Kamera in der Tasche verschwinden, schaute sich ein paarmal um, ob Rob irgendwo zu sehen war, und brach in Richtung *Waldorf-Astoria* auf.

Vor dem Park-Avenue-Eingang stand der Portier vom Sonntagabend. Er erkannte Niklas sofort wieder und schüttelte ärgerlich den Kopf.

«Please let me in», sagte Niklas. «Sandra Ford ... is expecting me for lunch in her suite at one o'clock.»

Der Portier starrte ihn entgeistert an. «Are you trying to be funny?»

«No, I'm not», antwortete Niklas etwas unsicher.

«You don't have any idea who Mrs. Sandra Ford is!» Der Portier wurde langsam ungehalten, doch dann hörte man eine andere wütende Stimme.

«How dare you treat my guest like that!!!»

Niklas hatte sie nicht kommen sehen und der Portier offenbar auch nicht. Jetzt stand Sandra Ford in einem leuchtend grünen Hosenanzug vor ihnen und schrie den Portier an.

«I'm so sorry!», rief der Portier erschrocken. «This boy tried to get into the hotel before. And as we are under strict orders from management not to allow strangers —»

«— Niklas Thiessen is not a stranger! He's my guest!»

54

«Of course, Mrs. Ford. I do apologize!»

«Standards in this hotel are not what they used to be! My guest is insulted! My diamond ring gets stolen!»

In Niklas' Ohren begann es zu rauschen. Hatte er richtig gehört? War etwa Sandra Ford der Diamantenring gestohlen worden?

«And who are the culprits? Members of staff!»

Die ‹culprits›? Waren das die Schuldigen?

«We sincerely hope that the police will make some progress in solving the case», sagte der Portier und verbeugte sich.

‹Progress in solving the case›? Er meinte wohl Fortschritte bei den Ermittlungen, dachte Niklas.

«Hoping is not enough! You need to do something!!!», rief Sandra Ford, griff nach Niklas' Hand und zog ihn mit sich fort zum Aufzug. Sie entschuldigte sich für das unverschämte Benehmen des Portiers. Darüber würde sie nachher mit dem Manager reden.

«But now let's have our lunch. You must be starving.»

Niklas fehlten noch immer die Worte. Niemals hätte er gedacht, dass Sandra Ford diejenige war, der man den Diamantenring gestohlen hatte! Er musste versuchen herauszufinden, wann genau der Diebstahl passiert war und wer zu der Zeit Putzdienst auf ihrem Flur gehabt hatte. Vielleicht verdächtigte Sandra Ford auch längst jemanden und man hatte bisher nur ihre Anschuldigungen nicht ernst genommen.

Der Fahrstuhl hielt in der 45. Etage. Bei der Vorstellung, so hoch oben in einem Wolkenkratzer zu sein, wurde Niklas richtig schwindelig.

Kurz darauf standen sie vor der Tür zu Sandra Fords Suite.

«Do come in», sagte sie und lächelte.

Niklas kam aus dem Staunen nicht heraus. Was für riesige Räume! Sein Blick glitt über die antiken Möbel, die großen Spiegel und die Kristalllüster. Sogar ein schwarzer, glänzender Flügel stand hier.

Sandra Ford griff zum Telefon und ordnete an, dass das Mittagessen jetzt serviert werden könne.

Schon zwanzig nach eins. Er würde es nicht schaffen, bis um zwei wieder am *MoMA* zu sein.

«Please sit down», sagte sie und zeigte auf einen der Esszimmerstühle. «Lunch will be served any minute.»

«When was your diamond ring stolen?», fragte Niklas, nachdem er sich gesetzt hatte.

Sandra Ford überlegte ein paar Sekunden lang. «I noticed it on Thursday evening. But it could have happened any time between my arrival on Monday morning and Thursday around seven o'clock.»

«Was the ring downstairs, in one of the safe deposit boxes?»

«How come you know about those?»

«I noticed them when I was in the hotel with my parents on Sunday.»

Sandra Ford seufzte. «Unfortunately I didn't put it in the safe. I had it in my jewel box, which was locked, but I forgot to take the key with me.»

Aha, sie hatte den Ring nicht im Safe aufbewahrt, sondern in einer ‹jewel box›. Das war wahrscheinlich ein Schmuckkasten. Und dann hatte sie vergessen, den Schlüssel mitzunehmen.

«And where was the key?», fragte Niklas.

Sandra Ford schmunzelte. «You sound like a real detective.»

«I'm just wondering why the police hasn't been able to find the thief.»

«The key was on my bedside table. Of course, it was very stupid of me to leave it there.»

Sie hatte den Schlüssel sogar auf dem Nachttisch liegenlassen? Das war aber wirklich dumm von ihr.

«So anyone who can enter your suite could have opened the jewel box?», fragte Niklas.

«I'm afraid so. Cleaning ladies, waiters, any member of staff.»

In dem Augenblick klopfte es, und ein Kellner trat ein. Er schob einen Rollwagen vor sich her, auf dem zwei Teller standen, die mit einer silbernen Haube zugedeckt waren. «Saltimbocca alla Romana with baby potatoes and green asparagus», sagte er leise. «For dessert you have ordered strawberries with cream.»

«Thanks.» Sandra Ford nickte dem Kellner zu, und er verschwand lautlos.

«I hope you like it. Bon appetit.»

Niklas merkte plötzlich, wie hungrig er war. Er griff nach seinem Besteck, während Sandra Ford ihnen Mineralwasser einschenkte.

«Let's talk about nicer things than stolen rings.» Sie lächelte wieder. «Did I mention yesterday that my son is also very interested in photography?»

Niklas schüttelte den Kopf.

«He has a wonderful digital SLR.»

«A *what*?»

«A digital single-lens reflex camera.»

Oh, eine digitale Spiegelreflexkamera. So eine hätte er auch gern.

«I think it's a Canon EOS 1Ds Mark III.»

Das war eine der teuersten, die es gab.

«He also has a wide-angle lens, a fisheye lens, a 400 mm zoom and a new photo printer, the kind that's used by professional photographers.»

Das klang nach tollen Weitwinkelobjektiven und einem Superfotodrucker, wie ihn Profis benutzten. Niklas kannte niemanden, der so eine gute Fotoausrüstung hatte.

«Last year he won a big prize for one of his photos.»

«What kind of photo was that?»

«A black and white one. The topic was shadows.»

So ein Zufall, dass ihr Sohn ausgerechnet für ein schwarzweißes Schattenfoto einen Preis gewonnen hatte.

«Shadows are a challenge for every photographer.»

Er nickte. «What's your son's name?»

«He's called Ben.»

Niklas fiel auf, dass Sandra Ford ihr Essen noch nicht angerührt hatte. Dabei schmeckte es wirklich gut.

«How long will you be staying in Manhattan?», fragte sie.

«Until next Monday. Then we'll go to ... Cape Cod.»

«That's a marvellous place. The swimming is great and there's always a breeze.»

‹Breeze›? Hieß das Brise? «My mother doesn't like the heat in Manhattan.»

«Oh, I couldn't agree with her more. It's a real killer!» Sandra Ford stocherte in ihrem Spargel herum und schob dann den Teller beiseite. «Would you mind giving me the number of your mobile? Then I could ring you before you go to Cape Cod.»

«Yes, of course.» Niklas zog sein Handy aus der Tasche. Er würde sich auch ihre Nummer geben lassen. Dann könnte er sie anrufen und ihr weitere Fragen zu dem Diebstahl stellen.

Nachdem sie ihre Handynummern ausgetauscht hatten, aß er schnell noch ein paar Erdbeeren mit Sahne.

«I have to go now. It's ten to two.»

«My limousine is waiting for you outside the Park Avenue entrance.»

Niklas starrte sie mit offenem Mund an. «But I can run back to the *MoMA*. It's not far.»

«You'll enjoy the ride», sagte sie und lächelte zum Abschied.

Dem Portier fielen beinahe die Augen aus dem Kopf, als der Chauffeur Niklas die Tür der schwarzen Limousine öffnete und ihn einsteigen ließ.

Was für ein Gefühl, in so einem Schlitten zwischen den Wolkenkratzern hindurchzufahren! Niklas wünschte, die Fahrt würde etwas länger dauern.

«Thanks a lot!», rief er, als sie nach drei Minuten vor dem *MoMA* hielten.

Er sprang aus dem Wagen, bevor der Chauffeur auf die Idee kam, ihm wieder die Tür zu öffnen.

Rob war noch nicht da, als Niklas das Kurszimmer betrat. Glück gehabt!

Er ließ sich auf seinen Platz fallen und schaute sich seine Schattenbilder in der Digitalkamera an. Es würde ihn wirklich interessieren zu sehen, für welches Foto Ben den Preis gewonnen hatte.

DIE ERFUNDENE ZEITUNGSMELDUNG

Shall we go to the *Waldorf-Astoria* again to find out some more about the men at the safe deposit boxes?», fragte Julie, als sie sich kurz nach vier vor dem *MoMA* trafen.

«Das können wir uns schenken», antwortete Niklas.

«Why?»

Da rückte er mit der Geschichte heraus, die er sich vorhin vorsorglich überlegt hatte. «Einer in meinem Kurs hatte eine Zeitung dabei, und da habe ich gelesen, dass die Besitzerin des Diamantenrings ausgesagt hat, dass ihr Ring nicht im Hotelsafe gelegen hat, sondern in ihrem Schmuckkasten in der Suite.»

«But didn't she lock it?»

«Doch, aber dummerweise hat sie den Schlüssel auf dem Nachttisch liegenlassen.»

«How can anyone be so stupid?!», fragte Julie fassungslos.

«Das frag ich mich auch.»

«It means that the thief must be someone from the hotel staff.»

«Genau!»

«Perhaps we'll go home and wait for Johnny and

Lea», meinte Julie. «Then we can discuss together what we want to do. If we went to the hotel again without them, they would be really angry with us.»

«Stimmt.»

Niklas hatte befürchtet, dass Julie vorschlagen würde, die Zeitung zu besorgen, was ihnen natürlich nicht gelungen wäre. Plötzlich spürte er sein schlechtes Gewissen. Er log sie an, und sie glaubte ihm.

«How was your lunch?», fragte Julie.

Niklas erschrak. Woher wusste sie, dass er im *Waldorf-Astoria* gewesen war?

«The lunch with the people in your course!»

Ach ja, natürlich. «Nicht schlecht», antwortete er erleichtert. «Obwohl Rob mir manchmal ziemlich auf die Nerven geht. Der ist strenger als die meisten Lehrer an meiner Schule.»

«Really? My course leader is very relaxed», meinte Julie. «She probably wouldn't even notice if someone stopped coming.»

So jemanden hätte ich auch gern, dachte Niklas. Rob hatte ihn nach dem Essen sofort gefragt, wo er um Viertel vor eins gewesen sei.

«Taking pictures», hatte er erwidert, ohne rot zu werden.

Daraufhin hatte er seine Fotos als Erster vorzeigen müssen. Rob war schwer beeindruckt gewesen von seinen Schattenbildern. Vor allem eines hatte er ‹splendid› gefunden und gesagt, dass Niklas großes Talent habe. Hoffentlich würde er ihn jetzt nicht mehr so nerven.

«Wart ihr etwa schon wieder allein im *Waldorf-Astoria*?», rief Lea, als sie um halb sechs mit Johnny nach Hause kam.

Niklas schüttelte den Kopf. «Wir haben auf euch gewartet.»

«There's interesting news», sagte Julie und erzählte den beiden Niklas' Geschichte von der Zeitungsmeldung.

«Did you get a copy of the newspaper?», fragte Johnny.

Niklas schluckte.

«No, we didn't», antwortete Julie. «Niklas read it. Isn't that enough?»

«I just thought he might have missed something because English isn't his mother tongue.»

«Du kannst ja mal im Internet nachgucken», schlug Lea vor. «Vielleicht steht da noch was Zusätzliches drin.»

Oh, nee, dachte Niklas, während Johnny seinen Laptop öffnete. Lange konnte er mit dieser Lügerei nicht mehr weitermachen. Er hätte den anderen spätestens gestern sagen müssen, dass er einer Frau namens Sandra Ford begegnet sei.

«Morgen wollen sie im Camp mit uns angeln gehen», sagte Lea. «Johnny und ich haben schon beschlossen, dass wir den Tag ausfallen lassen.»

«And what will you tell the parents?», fragte Julie.

«Wir werden krank sein», antwortete Lea. «Durchfall, Übelkeit und so was.»

«Das durchschaut Mama doch sofort!», rief Niklas.

«Glaub ich nicht. Hauptsache, du hältst dicht.»

‹They won't let you out when you're ill», wandte Julie ein.

«Spätestens mittags wird's uns wieder besser gehen», meinte Lea. «Und dann werden wir das *Waldorf-Astoria* auskundschaften.»

«I can't find anything new», verkündete Johnny und klappte seinen Laptop zu. «But not all newspaper articles appear on the internet.»

‹Was für 'n Glück, dass jemand bei Niklas im Kurs diese Zeitung hatte!», sagte Lea. «Jetzt wissen wir wenigstens, wen wir näher unter die Lupe nehmen müssen: die Putzfrauen und die Kellner.»

«It would be even better if we knew which of the 47 floors is the one where the owner of the diamond ring is staying.»

«Ich glaube, in dem Artikel stand, im 45. Stock», murmelte Niklas, ohne die anderen anzusehen.

«Hey, you didn't tell me that!», rief Julie.

Waren sie immer noch nicht misstrauisch? Nein, Lea und Johnny steckten schon die Köpfe zusammen und überlegten, wie sie sich im 45. Stock des *Waldorf-Astoria* näher umsehen könnten, ohne dass es auffiel.

Nur Julie warf ihm einen kurzen Blick zu, als ob sie sagen wollte, hier stimmt irgendwas nicht. Aber sie sagte nichts.

Und er auch nicht.

THE PHONE CALL

Niklas hatte sich vorgenommen, dass er spätestens in der Mittagspause bei Sandra Ford anrufen würde, um sie zu fragen, ob sie eine bestimmte Putzfrau oder einen bestimmten Kellner im *Waldorf-Astoria* verdächtigte, ihren Ring gestohlen zu haben. Natürlich dürfte er nicht gleich mit dieser Frage herausplatzen. Er würde sich erst mal für das Mittagessen bedanken.

Heute ging es im Fotokurs um den Blickwinkel, aus dem eine bestimmte Aufnahme gemacht wurde. Rob erklärte ihnen, dass man bei einem hohen Kamerastandpunkt ein Objekt von oben fotografieren würde und in dieser Aufsicht die Form des Objekts besonders gut sichtbar würde. Als Beispiel zeigte er ihnen ein Foto mit runden Fliegenpilzen, die aussahen wie gepunktete Teller. Richtete man dagegen die Kamera senkrecht nach oben, würde man den gegenteiligen Effekt erzielen.

«A wonderful example is this photograph of antique columns in a temple in Greece», sagte Rob.

Niklas zog unwillkürlich den Kopf ein, als er die riesigen Säulen des Tempels sah, die in den Himmel zu wachsen schienen.

In dem dritten Beispiel für unterschiedliche Blickwinkel ging es darum, dass ein knapper Ausschnitt den Betrachter zwang, sich etwas ganz genau anzusehen.

Niklas verstand erst, was Rob meinte, als er das Foto sah: ein Ausschnitt, auf dem die verschränkten Hände hinter dem Kopf eines Mannes abgebildet waren.

«These are the hands of a famous sculptor called Henry Moore.»

Ein Bildhauer namens Henry Moore? Hatten sie nicht am Sonnabend eine Skulptur von Henry Moore im *MoMA* gesehen?

Niklas dachte plötzlich an Paul Klees Bild *Cat and Bird*. Wo war eigentlich die Postkarte, die Sandra Ford am Montag auf seinen Platz gelegt hatte?

Er wühlte in seinem Rucksack, fand sie jedoch nicht. Lag sie etwa zu Hause in seinem Zimmer? Das fehlte noch, dass Mama oder Papa sie fanden und ihn fragten, wer diese Sandra Ford sei.

«We'll now have another practical session in which I would like you to concentrate on one particular point of view», verkündete Rob. «You can stay inside the museum or walk about in the neighbourhood. But please be back by half past twelve. You, too, Niklas.»

«Yes, of course ...» Niklas wurde prompt rot, was ihn richtig ärgerte. Rob sollte sich bloß nicht so wichtig nehmen. Er hatte Sommerferien und war schließlich freiwillig hier.

Was für eine Art von Blickwinkel sollte er wählen? Der Ausschnitt von den Händen hatte ihm gut gefallen, genau wie neulich die Nahaufnahme von den ineinander verschlungenen Rohren, die ein tolles Muster ergaben. Auf jeden Fall würde er nach draußen gehen. Dann könnte er auch Sandra Ford anrufen.

Es dauerte nicht lange, bis er ein geeignetes Objekt für seine Nahaufnahmen gefunden hatte: Scharniere an einer Planierraupe, die in einer Seitenstraße stand. Ruck, zuck hatte er seine Fotos gemacht.

Er zog den Zettel mit der Handynummer von Sandra Ford aus seiner Hosentasche und wählte. Here's Niklas. Thanks again for the lunch yesterday, würde er sagen, wenn sie abnahm.

Doch leider nahm sie nicht ab. Es war kurz nach zwölf. Vielleicht fand gerade eine Kunstauktion statt, und da hatte sie ihr Handy ausgeschaltet. Auf ihre Mailbox sprach er nicht.

Wie war dein Kurs?», fragte er Julie mittags auf dem Weg zum Restaurant.

«Not bad.»

Sie fragte ihn nie nach seinem Kurs, also würde er ihr auch nichts erzählen. «Was willst du essen?»

«Spaghetti.»

«Ich auch.»

Sie hatten sich gerade in die Schlange gestellt, als Niklas' Handy klingelte.

«I'm sure that's Lea», meinte Julie grinsend. «Johnny sent me a text a couple of minutes ago. They are inside the *Waldorf-Astoria* and they have a new suspect.»

Aber es war nicht Lea, es war Sandra Ford! Niklas erkannte sofort ihre Nummer auf dem Display.

«Meine Spaghetti ... kannst du die mitbringen?», stammelte er. «Du kriegst das Geld nachher wieder.»

«Sure», antwortete Julie erstaunt.

Niklas drehte sich auf dem Absatz um und lief zum Treppenhaus.

Jetzt hatte das Klingeln aufgehört. So ein Mist! Sollte er Sandra Ford nochmal anrufen? Nein, nicht nötig. Es klingelte schon wieder.

«Hello?»

«Hi, Niklas. It's Sandra Ford here. I noticed that you tried to reach me earlier on.»

«Yes ... I ... I wanted to thank you for the lunch yesterday ...»

«You're welcome.»

Gut, jetzt würde er sich nach dem Diebstahl erkundigen.

«And ... I ... I also wanted to ask you ... if there's any news about the ... theft of your diamond ring ...»

«Oh, none at all! The hotel isn't really interested in pursuing the matter.»

Was hatte sie gesagt? Dass das Hotel kein Interesse hätte, die Sache weiterzuverfolgen?

«The police interviewed the members of staff who work on my floor, but nothing has come of it.»

Aha, immerhin hatte die Polizei das Personal verhört, das auf ihrer Etage arbeitete. Aber es war nichts dabei herausgekommen.

«Look, it's not a very nice topic. I'm thinking about something much more pleasant.»

‹Pleasant›, was hieß das?

«Tomorrow I won't have any auction. So I'm free!»

Ah, vielleicht war es so was wie angenehm.

«Would you like to come on a drive with me to my house in Westchester County?»

Niklas schluckte. Ja, das würde ihm gefallen, nochmal in der tollen Limousine zu fahren. Außerdem könnte er Sandra Ford weitere Fragen zu dem Diebstahl stellen.

«Of course, you'll have to ask your parents for permission.»

O nein, dachte Niklas, seine Eltern um Erlaubnis fragen würde er ganz bestimmt nicht.

«I'm sure you would like to meet my son and see his camera equipment and his prize-winning photo with shadows.»

«Yes, that would be great.»

«We would be back in town by four o'clock at the very latest.»

Durch die Glastür sah Niklas, wie Julie zwei Teller mit Spaghetti auf einem Tisch abstellte und sich suchend umblickte.

«I have to go now», sagte er leise.

«So will I see you tomorrow morning?», fragte Sandra Ford.

«... Yes, I'll be there.»

«How wonderful! I'll be waiting in my limousine in front of the entrance to the *MoMA* at 10 am.»

«Good-bye.»

«Bye-bye, Niklas. Have an nice afternoon.»

Er beeilte sich, zu Julie zurückzukommen. Was sollte er sagen, wenn sie wissen wollte, mit wem er eben telefoniert hatte?

«Was that someone from your course?», fragte Julie und grinste. «Perhaps a girl?»

Er nickte und wurde rot dabei. Aber natürlich nicht aus dem Grund, den Julie vermutete.

Lea und Johnny saßen in einer Wäschekammer im 45. Stock des *Waldorf-Astoria* und warteten darauf, dass wieder eine Putzfrau Nachschub an Handtüchern und Bettwäsche holte.

Drei Frauen hatten sie schon nach dem Dieb des Diamantenrings befragt. Zwei hatten zuerst gar nicht kapiert, was sie von ihnen wollten. Doch auch wenn Johnny und Lea zugaben, dass es natürlich ungewöhnlich war, sich einfach in die Wäschekammer zu setzen, vermuteten sie, dass die Frauen möglicherweise auch nur so getan haben könnten, als ob sie's nicht kapierten. Die dritte Putzfrau hatte sie allerdings angefaucht, wie sie dazu kämen, sich hier als Detektive aufzuspielen. Ob sie überhaupt Gäste des Hotels seien?

«That's none of your business», hatte Johnny geantwortet.

Daraufhin war die Frau entrüstet abgezogen.

Aber Lea hatte sich genau aufgeschrieben, wie sie aussah: halblange schwarze Haare, braune Augen, etwa

einssechzig groß, schlank, nicht älter als dreißig. Auf der Stirn hatte sie eine Narbe.

«Perhaps all the rooms have been cleaned by now», meinte Johnny. «Shall we go?»

Lea schaute auf ihre Uhr und erschrak. Schon Viertel vor drei! Sie hatte Mama versprochen, dass sie spätestens um halb drei wieder zu Hause wäre.

In dem Augenblick wurde die Tür zur Wäschekammer aufgerissen und zwei Kellner, ein großer und ein kleiner, stürzten auf sie zu.

«What are you doing here?», schnauzte der Große sie an und baute sich vor ihnen auf.

Im Hintergrund erkannte Lea die dritte Putzfrau. Sie grinste triumphierend.

«Accusing innocent people of being thieves!», rief der Kleine.

«We didn't accuse anybody», protestierte Johnny. «We were just asking questions.»

Die Kellner packten sie an ihren Handgelenken und zogen sie aus der Wäschekammer.

«Let me go!», schrie Lea und versuchte sich loszureißen, aber die Hand des Kellners lag wie ein Eisenring um ihr Handgelenk.

«Are you staying in the hotel?», fragte der Große, als sie im Fahrstuhl standen.

Lea presste die Lippen zusammen.

«I asked you something.»

«We aren't», antwortete Johnny leise.

«Well, we thought so», sagte der Kleine. «We'll now

hand you over to a member of the management, so that they can decide what to do with you!», verkündete der Große.

Lea bekam es plötzlich mit der Angst. Würden sie etwa die Polizei rufen?

Nein, sie riefen nicht die Polizei, sondern Mama an. Lea hatte nicht den Mut gehabt, ihnen eine falsche Nummer zu geben.

Zehn Minuten später tauchte Mama an der Hotelrezeption auf. Sie war kreidebleich vor Wut.

«Ihr seid wohl verrückt geworden!», zischte sie Lea zu, bevor sie sich wortreich beim Management des *Waldorf-Astoria* entschuldigte.

«It won't happen again», sagte sie zum Abschied.

Dann ließ man sie laufen.

Auf dem Nachhauseweg hörte Mama nicht auf zu schimpfen. «Das hätte ganz anders ausgehen können. Hausfriedensbruch nennt man so was. Dafür gibt's hohe Geldstrafen.»

«Echt?», rief Lea. «Das wussten wir nicht.»

«Lea, stell dich nicht so dumm! Ihr konntet euch doch denken, dass es nicht erlaubt ist, sich in der Wäschekammer eines Hotels zu verstecken, um das Personal auszuhorchen! Außerdem habt ihr mich heute Morgen angelogen mit eurer Übelkeitsgeschichte!»

«Tut mir leid ...»

«Und das nur, weil ihr wieder eure Nase in irgendeinen Kriminalfall stecken wolltet. Dabei haben wir diesmal diese schönen Kurse für euch organisiert. Am liebsten würde ich die Fahrt nach Cape Cod absagen und gleich nach Hamburg zurückfliegen.»

«Nein, Mama, wir tun's nicht wieder! Versprochen!», rief Lea.

«Das hab ich schon zweimal gehört! In Kapstadt waren's die Geparde! In London die vergifteten Muffins!»

«Sorry, Mrs. Thiessen», murmelte Johnny zerknirscht. «It was a stupid idea.»

«Du sagst es», seufzte Mama.

Niklas' Traum

Abends gab es erst mal eine Menge Ärger!

«Was interessiert euch der gestohlene Ring einer Millionärin aus dem *Waldorf-Astoria*?», schrie Papa. «Es ist die Aufgabe der Polizei, den Dieb zu finden!»

«Ist ja gut», murmelte Lea.

«Why don't you just enjoy Manhattan and your summer courses instead of chasing some criminal?», fragte Mr. Saunders.

«Dad, we got the message», stöhnte Julie.

«Sobald ihr vier zusammen seid, verwandelt ihr euch in diese Möchte-gern-Detektive», sagte Mama. «Das ist doch nicht normal!»

«Ich kann mir das auch nicht erklären», meinte Mrs. Saunders.

«Can we go now?», rief Johnny ungeduldig.

«Only if you promise not to continue with this nonsense», verkündete Mr. Saunders.

«Promised!», riefen Johnny, Julie und Lea wie aus einem Mund.

Nur Niklas sagte nichts.

«Du hast deinen Einsatz verpasst», flüsterte Lea ihm zu, als sie in Johnnys Zimmer gingen.

Vielleicht wäre es doch besser, wenn er den anderen alles erzählen würde, dachte Niklas. Dann könnten sie gemeinsam überlegen, was für Fragen er Sandra Ford morgen stellen sollte.

«What shall we do now?» Julie blickte in die Runde.

Johnny und Lea zuckten mit den Achseln.

«Ich ...» Niklas starrte auf seine Hände.

«Was ist?», fragte Lea.

Nein, er schaffte es nicht. Die anderen würden ihn entweder auslachen, weil er sich mit einer fremden Frau getroffen hatte, oder sie würden sauer auf ihn sein, weil er ihnen nicht längst verraten hatte, dass er mehr wusste als sie.

«Hey, nun sag doch mal!», rief Lea.

«Nichts», murmelte Niklas.

Johnny klappte seinen Laptop auf. «I'll have a look if there's any news on the internet.»

Schweigend warteten sie ab, ob Johnny im Internet irgendwelche Neuigkeiten über den Diebstahl finden würde.

«Nothing! Nothing at all!», sagte er nach einer Weile.

«Perhaps we'll just have to give up», meinte Julie. «We've tried everything we could.»

«So was Blödes!», rief Lea.

Niklas presste die Lippen zusammen. Morgen Abend, wenn er von seiner Fahrt zurück war, würde er mit ihnen reden. Dann hätte er bestimmt neue Hinweise, und vielleicht könnten sie den Diebstahl des Diamantenrings doch noch aufklären.

In der Nacht träumte Niklas, dass er durch ein riesiges Haus lief, in dem er noch nie gewesen war. Irgendwann landete er in einem künstlich beleuchteten Raum ohne Fenster und ohne Möbel. Nur ein einziges Bild hing in diesem Raum: Paul Klees *Cat and Bird*. Aber das gehört doch ins *MoMA*, schoss es ihm durch den Kopf. Plötzlich stand Sandra Ford neben ihm und fragte ihn, was er trinken wolle. Er bekam kein Wort heraus, obwohl er großen Durst hatte. Da tauchte der Sohn von Sandra Ford auf. Er sah älter aus als fünfzehn und beachtete ihn gar nicht. «Zeig Niklas mal dein Schattenbild und deine neue Kamera», schlug Sandra Ford vor, aber ihr Sohn hatte keine Lust dazu.

Niklas wachte in Schweiß gebadet auf. Vor ihm stand Lea und schaute ihn erschrocken an.

«Was machst du denn hier?»

«Ich hab mir aus der Küche was zu trinken geholt. Und dann hab ich vom Flur aus gehört, wie du im Schlaf geredet hast.»

«Was denn?», fragte Niklas alarmiert.

«Irgendwas von cats and birds.»

Er schluckte. «Ich bin müde. Geh wieder ins Bett.»

Lea zögerte noch einen Moment, dann ging sie in ihr Zimmer zurück. Sie legte sich ins Bett, obwohl sie hellwach war. Und auf einmal erinnerte sie sich: *Cat and Bird*. Hieß so nicht das Bild, das Niklas am Sonnabend im *MoMA* bewundert hatte? Das wie ein Kinderbild aussah? Wieso träumte Niklas von einem Bild? Gestern Abend hatte sie ihn auch schon merkwürdig gefunden.

Er hatte ausgesehen, als ob er ihnen etwas sagen wollte, aber dann hatte er doch geschwiegen. Wusste er etwas, was sie nicht wussten? Hatte es etwas mit dem Bild zu tun? Morgen früh würde sie ihn fragen.

Niklas wälzte sich in seinem Bett hin und her. Hatte er im Schlaf etwa noch mehr gesagt als *Cat and Bird*? Lea hatte ihn so seltsam angesehen. Hatte er womöglich Sandra Fords Namen erwähnt? In dem Augenblick fiel ihm die Postkarte von Sandra Ford wieder ein, die er heute Morgen in seinem Rucksack gesucht hatte.

Er knipste seine Nachttischlampe an und stand auf. Sie musste irgendwo hier sein.

«Niklas?»

Er erschrak. Papa stand in der Tür und blickte ihn kopfschüttelnd an.

«Wieso schläfst du nicht?»

«Ich ... mir ist gerade was eingefallen, was ich ... aufschreiben wollte ... für meinen Fotokurs.»

«Mitten in der Nacht?»

«Ja ... da hab ich manchmal die besten Ideen.»

«Komisch», sagte Papa und grinste. «Das geht mir auch oft so. Aber nicht zu lange wach bleiben.»

«Nein.»

Als Papa die Tür wieder geschlossen hatte, holte Niklas tief Luft. Das war gerade nochmal gutgegangen.

Ein paar Minuten lang suchte er noch nach der Postkarte. Dann gab er es auf. Wenn er sie nicht fand, würde sie auch sonst niemand finden.

THE DRIVE

Am nächsten Morgen wurde Lea sehr früh wach. Sie dachte sofort an *Cat and Bird*. Gleich würde sie Niklas fragen, wieso ihn dieses Bild so beschäftigte, dass er davon träumte.

Als sie in die Küche kam, saßen Mama und Papa schon beim Frühstück.

«Morgen, Lea», sagte Mama und gab ihr einen Kuss.

«Hallo. Schläft Niklas noch?»

Papa nickte. «Er war in der Nacht länger wach.»

«Ich weiß», sagte Lea und biss sich im nächsten Moment auf die Lippen.

«Was ist denn mit euch los?», rief Mama. «Bin ich etwa die Einzige, die durchgeschlafen hat?»

«Niklas hat mir erzählt, dass ihm nachts manchmal die besten Ideen kommen», meinte Papa. «Ihm geht's wie mir.»

«Was für Ideen?», fragte Lea.

«Für seinen Fotokurs», antwortete Papa.

Von wegen. Lea löffelte ihr Müsli in sich hinein. Hier ging's nicht um Fotos; da war sie sich sicher.

Niklas war auch schon früh aufgewacht. Aber er tat so, als ob er noch schlafen würde, weil er Lea nicht begegnen wollte. Sie würde ihm unangenehme Fragen stellen, das wusste er. Lieber wartete er, bis sie mit Mama und Johnny losgefahren war. Dann hatte er freie Bahn.

Auf dem Weg zu ihrem Junior Ranger Day Camp musste Lea sich sehr beherrschen, Johnny nichts von dem Gespräch in der Nacht zu erzählen. Erst als Mama sich verabschiedet hatte und sie zu ihren Vogelbeobachtungsplätzen aufbrachen, berichtete sie Johnny von dem, was Niklas im Traum gesagt hatte.

«A painting called *Cat and Bird*?», wunderte sich Johnny. «I didn't see that on Saturday.»

«Niklas hat's gefallen.» Lea zögerte. «Ich fand ihn gestern Abend schon so merkwürdig. Du nicht?»

Johnny überlegte. «He was very quiet.»

«Genau.»

«Julie told me that he got a phone call yesterday, during their lunch break.»

«Von wem?»

«She thinks it might have been a girl from his course.»

«Echt?!», fragte Lea erstaunt.

«Yes, because he blushed when she suggested that.»

«‹Blush›? Was heißt das?»

«... Rot werden.»

«Vielleicht hat er sich verliebt und will uns das nicht sagen, weil er Angst hat, dass wir ihn auslachen.»

«Sounds like it», meinte Johnny.

«Oh, nee! Und ich dachte, er würde irgendeine spannende Spur verfolgen!»

«He would have told us if he did!»

Niklas schwieg, als Julie und er um zwanzig vor zehn zum *MoMA* gingen. Er grübelte darüber nach, wie er es schaffen könnte, mit Julie das *MoMA* zu betreten, in Richtung Kursraum zu gehen und sich dann zu verdrücken, ohne dass er Rob oder sonst jemandem aus seinem Kurs begegnete.

Eine SMS! War sie von Sandra Ford, die die Fahrt absagen wollte? Er zog sein Handy aus der Tasche. Nein, sie war von Lea. *Jetzt weiß ich endlich Bescheid, was mit dir los ist. Du hättest doch mal was sagen können! Lea.*

Niklas wurde heiß. O nein! Hatte er durch sein Reden im Schlaf etwa alles verraten?

«Who's sending you a text so early in the morning?», fragte Julie mit einem neugierigen Seitenblick.

«Lea», antwortete Niklas einsilbig.

Egal. Sie war in ihrem Camp und konnte ihm jetzt nicht in die Quere kommen. Heute Abend würde er sowieso alles erzählen. Und bis dahin würde er sein Handy ausstellen.

Lea blickte auf ihr Display. Keine SMS von Niklas, obwohl er ihr sonst immer sofort antwortete. Wahrscheinlich war ihm die ganze Sache superpeinlich.

«Did he text you back?», fragte Johnny.

«Nein.»

«That means we're right.»

Sie grinsten beide.

Julie schlug zum Glück kein gemeinsames Mittagessen vor. Also musste er sie auch nicht anlügen.

«See you later», sagte sie zum Abschied und war schon verschwunden.

Ob sie beleidigt war, dass er eben nicht mit ihr geredet hatte? Nicht zu ändern.

Fünf vor zehn. Er würde in der Toilette warten. Rob fing immer sehr pünktlich an. Um kurz nach zehn würde kein Kursmitglied mehr über den Flur laufen.

Als er ein paar Minuten später zum Ausgang vom *MoMA* kam, sah er sofort die schwarze Limousine mit den getönten Scheiben am Straßenrand stehen. Sollte er wirklich dort einsteigen und mit Sandra Ford aufs Land fahren? Er kannte sie doch kaum. Ihm fiel sein Traum wieder ein, den er in der letzten Nacht gehabt hatte. War das eine Warnung gewesen? Noch könnte er umkehren und Sandra Ford eine SMS schicken, dass ihm was dazwischengekommen sei und er leider absagen müsse.

Unsinn, dachte er auf dem Weg zum Wagen. Dies war die letzte Chance, etwas über den Diebstahl des Diamantenrings zu erfahren. Er hatte die anderen tagelang belogen; da war er es ihnen schuldig, diese Chance zu nutzen. Außerdem war er neugierig auf die Welt, in der Sandra Ford und ihr Sohn lebten. So jemanden hatte

84

er noch nie zuvor getroffen. Es klang wie ein Leben aus einem Film.

Kurz bevor er die Limousine erreicht hatte, stieg der Chauffeur aus und begrüßte ihn. Er öffnete ihm die Tür und ließ ihn einsteigen.

«Hello, Niklas», sagte Sandra Ford und lächelte. «How nice to see you.»

«Hello ...»

Sie trug einen schimmernden weißen Hosenanzug und hochhackige silbrige Sandalen. Mama hatte noch nie Schuhe mit solchen Absätzen angehabt.

«Please call me Sandra, all right?»

Er nickte.

«Did you mention our trip to Rob?», fragte sie, nachdem der Chauffeur losgefahren war.

«No ... I didn't ...»

«Good. He can get quite angry if his students have other projects during course time.»

«Yes, I ... can imagine.»

«But I'll make it worth your while. You'll love Ben's camera equipment.»

Draußen toste der Verkehr an ihnen vorbei, aber hier drinnen bekam man davon kaum etwas mit. Niklas blickte an den Wolkenkratzern hinauf, die ihm durch die getönten Scheiben noch unwirklicher vorkamen als sonst.

«Would you like something to drink?», fragte Sandra.

Eigentlich hatte er keinen Durst, aber da drückte sie schon auf einen Knopf in einer Konsole, die ihm bisher gar nicht aufgefallen war. Darin befand sich eine kleine beleuchtete Bar.

«I'll have ... a Coke», antwortete er.

Sandra zeigte ihm die Getränkehalterung in seiner Armlehne und schenkte ihm ein. Sie selbst nahm ein Mineralwasser.

«I ... wanted to ask you something», sagte er nach einer Weile.

«Sure, go ahead.»

«I'm still thinking of your diamond ring. Do you have a suspect?»

«Oh, you're so good! You're much more interested in solving the case than anybody in the hotel. You would make a really good detective!»

Niklas wurde rot.

«How old are you?»

«Twelve.»

«I thought you were at least fourteen.»

Es gefiel ihm, dass sie ihn für älter gehalten hatte.

«But to answer your question: no, I don't have a suspect. That makes everything even more difficult.»

Und dann erzählte sie ihm, dass die Presse über den Fall berichtet hatte und seitdem manchmal Leute durchs Hotel liefen, die da nicht hingehörten. Gestern sei es bei ihr im 45. Stock sogar zu einem Zwischenfall gekommen.

«Two children had hidden in one of the laundry rooms in order to interview the chambermaids about the theft.»

Niklas hatte gerade einen Schluck Cola genommen und verschluckte sich fast.

«Are you all right?»

«... Yes ...»

«They were let go, because their mother came and apologized immediately for their awful behaviour. She was very embarrassed. Just imagine ...»

Niklas konnte sich nur allzu gut vorstellen, wie Mama sich im Hotel für das schlechte Benehmen von Lea und Johnny entschuldigt hatte.

«I might have to give up», seufzte Sandra. «It's a real pity because it was such a nice ring!»

«No, don't give up», sagte Niklas.

Sandra schien plötzlich mit ihren Gedanken woanders zu sein. «Perhaps you've been wondering why I'm not driving the car myself.» Ihre Stimme war ganz leise.

«No ... I haven't», antwortete Niklas.

Mama hatte neulich gesagt, dass sie in Manhattan niemals selbst Auto fahren würde, und auch Papa schien dazu keine Lust zu haben. Außerdem hatten superreiche Leute doch immer einen Chauffeur, oder nicht?

«I had a car accident some years ago», hörte er Sandra sagen. «After that I didn't have the courage to drive any more.»

«Oh! Were you ... hurt?», fragte Niklas.

«Yes ... yes, I was ...»

Niklas wollte gerade weiterfragen, wo der Unfall passiert war, als er sah, dass Sandra kreidebleich war. Sie blickte in irgendeine unbestimmte Ferne.

Da beschloss er zu schweigen.

In Sandras Villa

Lea saß auf ihrem Vogelbeobachtungsplatz am Hudson River und verfolgte mit dem Fernglas den Flug eines Kanadareihers. ‹Great blue heron› hieß der auf Englisch. Endlich hatte sie auch mal einen entdeckt!

Es war schön hier, im Inwood Hill Park, wo man weit gucken konnte und nicht von Wolkenkratzern umzingelt war. Eigentlich kaum zu glauben, dass der Park zu Manhattan gehörte. Wenn ihr nicht ständig die Frage durch den Kopf gehen würde, was sie noch unternehmen könnten, um den Diebstahl des Diamantenrings aufzuklären, würde sie das Camp richtig genießen.

In dem Moment klingelte ihr Handy. Niklas, dachte sie sofort. Aber nein, es war Mama.

«Weißt du, wo Niklas steckt?» Mamas Stimme überschlug sich fast. «Sein Handy ist ausgestellt.»

«Ich nehme an, in seinem Fotokurs. Da darf er sein Handy nicht anstellen. Was ist denn passiert?»

«Rob Miller, der Kursleiter, hat mich eben angerufen. Niklas ist nicht im Kurs erschienen!»

«Mir hat er nichts davon gesagt, dass er nicht hingehen würde.» Lea runzelte die Stirn. Suchte Niklas etwa nochmal allein im *Waldorf-Astoria* nach dem Dieb?

«Mit Julie habe ich schon gesprochen. Sie ist vorhin zusammen mit Niklas zum *MoMA* gegangen. Ihr ist aufgefallen, dass er auf dem Weg ziemlich still war.»

Lea fiel plötzlich die letzte Nacht wieder ein. Vielleicht sollte sie Mama erzählen, dass Niklas im Schlaf irgendwas von cats and birds gemurmelt hatte.

«Bist du noch da?», fragte Mama.

«Ja! Erinnerst du dich an das Bild *Cat and Bird*, das wir am Sonnabend im *MoMA* gesehen haben?»

«Wie kommst du jetzt darauf?»

Schnell fasste Lea für Mama zusammen, was sie vermutete: dass Niklas von dem Bild geträumt hatte.

«Und selbst wenn!», rief Mama. «Was hat das damit zu tun, dass er nicht da ist, wo er sein sollte?»

«Keine Ahnung!»

Lea hörte, wie im Hintergrund gesprochen wurde. Dann verkündete Mama, dass Mrs. Saunders jetzt losfahren und Johnny und sie mit dem Taxi abholen würde.

«O nein!», rief Lea. «Heute macht's gerade so viel Spaß!»

«Sag mal, hast du's immer noch nicht kapiert?», schrie Mama. «Dein Bruder ist verschwunden!!!» Dann legte sie auf.

Lea holte tief Luft. «Niklas ist weg! Und deshalb müssen wir jetzt nach Hause.»

«Is my mother going to pick us up?», fragte Johnny.

«Ja, mit dem Taxi! Meine Mutter klang total aufgeregt.»

«Well, if Niklas has disappeared ...»

«Vielleicht trifft er sich nur mit dem Mädchen, das ihn gestern Mittag angerufen hat.»

«I don't know», meinte Johnny zögerlich. «Perhaps it wasn't a girl from his course who rang him.»

«Sondern?», fragte Lea erschrocken.

«It might have been the person he's meeting right now.»

Die Fahrt dauerte schon fast zwei Stunden. Niklas wurde allmählich ungeduldig.

«We're nearly there», sagte Sandra und lächelte. «Are you hungry?»

«Not really.»

Wenn sie um vier Uhr wieder am *MoMA* sein wollten, mussten sie spätestens um zwei zurückfahren, dachte Niklas. Hoffentlich würde das klappen.

Sie fuhren jetzt eine schmale Straße mit hohen Bäumen entlang, von der hier und da Einfahrten zu größeren Häusern abgingen.

Ein paar Minuten später bogen auch sie in eine solche Einfahrt. Unter den Reifen knirschte der Kies. War dieser Park etwa Sandras Garten?

Nun tauchte das Haus vor ihnen auf: eine riesige weiße Villa mit Säulen vorm Eingang und einem Springbrunnen auf dem Platz davor. Zwei schwarze Labradore kamen ihnen entgegengerannt, bis plötzlich ein Pfiff ertönte und sie wieder kehrtmachten. Sandra sagte vorwurfsvoll zu dem Chauffeur, dass sie es furchtbar fände, wenn die Hunde auf ihren Wagen zuliefen. Und dass der Gärtner das ganz genau wisse.

«He's probably somewhere in the garden and didn't see you coming», antwortete der Chauffeur leise.

Es war das erste Mal, dass er überhaupt etwas sagte.

Kaum hatte der Wagen vor dem Säuleneingang gehalten, als die Haustür aufging und ein Mann in einem schwarzen Anzug herauskam. Er öffnete Sandra die Tür und ließ sie aussteigen. Niklas wollte ihr folgen, doch da hatte der Chauffeur schon die Tür an seiner Seite geöffnet.

«Thank you», murmelte Niklas. Ein Chauffeur, ein Gärtner, ein Butler. Wahrscheinlich hatte Sandra auch eine Köchin und mehrere Putzfrauen, so groß wie das Haus war.

«I'll show you round!», rief Sandra und winkte ihm zu, ihr zu folgen.

Als Erstes gingen sie zum Pool. Niklas hatte noch nie ein so großes Schwimmbecken in einem privaten Garten gesehen. Hier gab es sogar ein Sprungbrett.

«You're welcome to have a swim», sagte Sandra.

«I ... I'd rather have a look at your son's cameras», antwortete Niklas. Er wollte nicht noch mehr Zeit verlieren.

«You'll have to wait until Ben comes back from the tennis club. I'm not allowed to show his camera equipment to other people.»

Das konnte Niklas gut verstehen. Wenn er so eine

tolle Fotoausrüstung hätte, würde er auch nicht wollen, dass Mama sie wildfremden Leuten zeigte.

«When will Ben be back?», fragte er.

«Soon.» Sandra lächelte wieder. «Let's first have some lunch.»

Lea und Johnny saßen noch nicht lange mit Mrs. Saunders im Taxi, als Mama wieder anrief.

«Ich habe die Polizei benachrichtigt.»

«Echt?»

«Die Beamten wirkten nicht sehr interessiert. Sie meinten, Niklas würde schon wieder auftauchen.»

«Und was sagt Papa?»

«Er ist genauso besorgt wie ich. Mr. Saunders und er sind gerade zum *MoMA* gegangen, um mit Rob Miller zu reden. Und Julie wird jetzt mit mir zusammen Niklas' Zimmer durchsuchen.»

«Wieso das denn?», fragte Lea.

«Ich hoffe, dass wir irgendwas finden, was uns weiterhilft!», antwortete Mama. «Wo seid ihr jetzt?»

«Ich weiß nicht, wie das hier heißt.»

«Gib mir mal Mrs. Saunders.»

Während die beiden Mütter telefonierten, überlegten Lea und Johnny leise, ob sie vorschlagen sollten, Niklas im *Waldorf-Astoria* suchen zu lassen.

«I don't think he's there», flüsterte Johnny.

«Glaub ich auch nicht.»

«I'll try Niklas' mobile. Maybe he has switched it on in the meantime.»

Nein, hatte er nicht.

Plötzlich spürte Lea, wie ihr Tränen über die Wangen liefen. Wo war Niklas nur?

Der Taxifahrer bog in eine Riesenstraßenschlucht ein. Lea machte die Augen zu, weil sie den Anblick der Wolkenkratzer auf einmal nicht mehr ertragen konnte. Wäre sie bloß heute Morgen in Niklas' Zimmer gegangen und hätte ihn gefragt, was mit ihm los sei! Vielleicht wäre er dann nicht verschwunden.

Niklas kam sich vor wie in einem Schloss, so riesig waren die Räume in Sandras Haus. Die antiken Möbel, die großen Spiegel, die Kristalllüster und der schwarze, glänzende Flügel erinnerten ihn an Sandras Suite im *Waldorf-Astoria*. Hier war nur alles noch viel größer.

Am Esszimmertisch gab es Platz für mindestens zwanzig Leute. Es war etwas dunkel hier drinnen; deshalb hätte Niklas lieber draußen auf der Terrasse gegessen. Aber der Tisch war schon gedeckt: mit weißem Porzellan, funkelndem Silberbesteck und hochstieligen Gläsern. Für drei Personen. Wahrscheinlich kam Sandras Mann mittags nicht nach Hause.

«I ... don't drink wine», sagte er leise.

«You don't have to», antwortete Sandra. «Please sit down. Do you want to take off your jacket?»

Niklas zog seine Jeansjacke aus und hängte sie über den Stuhl. «Where is the toilet, please?»

«I'll show you.»

Sogar die Gästetoilette war größer als bei Niklas zu

Hause in Hamburg das Badezimmer. Und es gab goldene Wasserhähne!

Als er ins Esszimmer zurückkam, zündete eine junge Frau mit weißer Schürze und Häubchen gerade die Kerzen auf dem Tisch an.

«We'll start with some avocado and shrimps, if that's all right», meinte Sandra.

«Okay.» Niklas setzte sich auf seinen Stuhl. Avocados mochte er. Was ‹shrimps› waren, wusste er nicht.

Plötzlich spürte er etwas Weiches an seinem Bein. Er schaute unter den Tisch und entdeckte eine elfenbeinfarbene Katze mit braunem Gesicht, braunen Ohren und Füßen und einem braunen Schwanz. Sie starrte ihn mit ihren großen blauen Augen an.

«That's Shiva, my Siamese cat», sagte Sandra. «She's very curious. I hope you don't mind her sitting there.»

«No ... not at all», antwortete Niklas.

«Oh, yes, of course! You must love cats, too!» Sandra lächelte. «That's how we met, looking at Paul Klee's wonderful *Cat and Bird*.»

Niklas dachte wieder an die Postkarte. Komisch, dass er sie auch in seinem Zimmer nicht gefunden hatte.

Jetzt wurde die Vorspeise serviert. Auf den Avocadohälften türmten sich Krabben. Das waren also ‹shrimps›. Die aß er nicht so gern; vielleicht könnte er ein paar davon übrig lassen.

«You said in the museum that you had a sister», sagte Sandra, nachdem sie eine Weile schweigend gegessen hatten. «How old is she?»

«Ten», antwortete Niklas.

«What's her name?»

«Lea.»

«How nice. Do you also have a brother?»

«No, I don't.»

Wieder schwiegen sie. Niklas zwang sich, noch eine Krabbe zu essen, dann schob er seinen Teller beiseite.

«I'm sorry I chose shrimps», sagte Sandra und zeigte auf das dritte Gedeck. «Ben loves them but I can see that you're not too keen on them.»

«I can't eat so many», murmelte Niklas.

Die junge Frau mit der Schürze und dem Häubchen räumte die Teller ab und brachte die Hauptspeise. Hähnchen mit Pommes und Erbsen, stellte Niklas erleichtert fest. Das würde ihm schmecken.

«And what are your hobbies apart from photography and chasing criminals?», wollte Sandra wissen.

«Riding my mountain bike and playing football.» Niklas schaute verstohlen auf seine Uhr. Viertel nach eins. Wenn Ben nicht bald vom Tennis zurückkam, würden sie kaum noch genug Zeit haben, seine Fotoausrüstung anzusehen.

«I'm sure Ben will be back soon», sagte Sandra. «I often have to start lunch without him.»

Niklas gab sich einen Ruck und sagte, dass sie aber spätestens um zwei Uhr wieder fahren müssten, weil er sonst nicht um vier am *MoMA* sein könnte.

«Don't worry!», meinte Sandra. «We'll get back in time.»

98

Als Lea und Johnny zu Hause ankamen, lief Mama ihnen mit einer Postkarte in der Hand entgegen.

«Guckt mal, was Julie zwischen den Sesselpolstern in Niklas' Zimmer gefunden hat: *Cat and Bird* von Paul Klee!»

«Hab ich am Sonnabend gar nicht mitbekommen, dass Niklas sich 'ne Postkarte gekauft hat», meinte Lea.

«He didn't buy it himself», sagte Julie. «Someone called Sandra Ford bought it for him.»

«*Was?* Wer ist das denn?»

«Das fragen wir uns auch», antwortete Mama und las vor, was hinten auf der Karte stand: «*Would you like to have an ice cream with me at 3.30 pm? We could meet at the entrance. Kind regards Sandra Ford.* Ich versteh das nicht!»

«Zeig mir mal die Schrift.»

Mama reichte Lea die Karte. «Das hat kein Kind und auch keine Jugendliche geschrieben.»

Stimmt, dachte Lea. Die Schrift sah wirklich erwachsen aus.

«Aber ich kann mir einfach nicht vorstellen, dass Niklas mit 'ner wildfremden Frau essen geht!», rief Mama und raufte sich die Haare. «So was hat er noch nie gemacht.»

«Die Uhrzeit passt genau zu dem, was Rob Miller uns erzählt hat», sagte Papa. «Am Montagnachmittag hat Niklas den Kurs kurz vor halb vier verlassen. Und am Dienstag ist er nach einer praktischen Übung am späten Vormittag nicht mehr vor dem Mittagessen ins *MoMA* zurückgekommen, obwohl Rob die Kursteilnehmer darum gebeten hatte.»

«He told me on Tuesday morning that he would have lunch with the people in his course!», rief Julie. «Why did he lie to me?»

«Because he probably met Sandra Ford for lunch», antwortete Johnny.

«Who is this woman?», rief Mr. Saunders.

«I'll have a look at the Internet», verkündete Johnny.

Alle folgten ihm in sein Zimmer und starrten gebannt auf den Bildschirm, als er den Namen *Sandra Ford* googelte.

Und tatsächlich, es gab mehrere Einträge!

«That sounds familiar!» Johnny zeigte auf eine der ersten Überschriften: *Multimillionairess accuses hotel staff of theft.*

«Was heißt das?», fragte Lea.

«Multimillionärin beschuldigt das Hotelpersonal des Diebstahls», übersetzte Mama.

«Ist Sandra Ford etwa die Frau, die im *Waldorf-Astoria* beklaut wurde?», rief Lea aufgeregt.

«Das kann doch wohl nicht wahr sein!», schrie Papa. «Forscht Niklas jetzt auf eigene Faust nach diesem blöden Diamantendieb?»

«*Sandra Ford, well-known guest of the Waldorf-Astoria, has accused the staff of the hotel of stealing her favourite diamond ring which is worth two million dollars*», las Johnny vor.

«*Was?* So viel?» Lea fielen fast die Augen aus dem Kopf.

«It's a newspaper entry from yesterday», sagte Johnny unbeeindruckt. «That's why we didn't see it before.»

«Ich rufe sofort im Hotel an!», rief Mama. «Such doch mal schnell die Telefonnummer vom *Waldorf-Astoria* heraus.»

Es dauerte nicht lange, und Johnny hatte sie gefunden. Mama wählte und bat darum, zu Sandra Ford durchgestellt zu werden. «Sorry, what did you say? ... All right. If she's not in the hotel, could you please give me her home address, telephone number and her mobile number as well. It's very urgent! ... What? You're not allowed to pass on personal details about your guests?!!! Look, my twelve-year-old son might be in the hands of Sandra Ford! We need to get hold of her as soon as possible!!! ... No, I don't understand!» Mama schnaubte vor Wut, als sie auflegte.

«Wir rufen nochmal die Polizei an!», sagte Papa. «Jetzt muss sie uns helfen!»

Lea konnte das alles immer noch nicht fassen. Warum hatte Niklas ihnen nichts davon gesagt, dass er eine eigene Spur verfolgte?

Schon zehn vor zwei. Und Ben war immer noch nicht da, dachte Niklas enttäuscht und aß den letzten Rest von seinem Schokoladeneis auf.

«I can't wait any longer», sagte er schließlich. «Could we now please go back to Manhattan?»

«We'll go in a minute», sagte Sandra und schob ihren Stuhl zurück. «Since Ben isn't back yet, I'll have to show you his room and his cameras.»

«You said you ... weren't allowed to do that.»

«No, but I don't want you to have made the trip in vain.»

‹In vain›, was hieß das? Vermutlich so viel wie umsonst.

«I'm really angry that Ben is keeping us waiting», sagte Sandra. «I rang him this morning and told him to be back in time so that you could take a good look at his camera equipment.»

Warum sprach sie plötzlich so schnell?

«Let's go!»

Niklas griff nach seiner Jeansjacke und folgte Sandra widerwillig in den Flur. Über eine breite, geschwungene Treppe gelangten sie in den ersten Stock. Von hier gingen mindestens acht Türen ab. Wie viele Leute wohnten denn hier?

‹This is Ben's room», sagte Sandra und öffnete eine der vielen Türen.

Niklas trat ein. Das Zimmer war so groß wie ein Saal und sehr hell. Aber irgendwas kam ihm merkwürdig vor. Überall lagen Stofftiere herum, und an den Wänden hingen Plakate mit Walen, Delphinen und Seehunden. So wohnte doch kein Fünfzehnjähriger! Eher jemand, der höchstens acht oder neun war.

Im Regal entdeckte Niklas ein Foto von einem kleinen Jungen mit dunklen Locken. Auf der Mauer dahin-

ter war deutlich sein Schatten zu erkennen. So ähnlich hatte er früher auch mal ausgesehen. Plötzlich lief es ihm kalt den Rücken herunter. Was war mit Sandras Sohn?

Er drehte sich um und erschrak. Sandra war verschwunden! Und sie hatte die Tür hinter sich zugemacht, ohne dass er etwas gehört hatte. Mit einem Satz war er dort und rüttelte an der Klinke. Abgeschlossen! Was sollte das bedeuten?! Ihm wurde jetzt heiß und kalt.

«Sandra!», schrie er. «Open the door!!!»

Keine Antwort.

Er lief zu den Fenstern und versuchte sie zu öffnen, aber sie waren alle zugeschlossen.

Das Badezimmer! Vielleicht konnte er dadurch entkommen. Er riss die Tür auf und sah sofort das Gitter vorm Fenster. Waschbecken, Badewanne, Dusche, alles grün gekachelt.

Und es gab nirgends Kameras, Objektive oder Fotodrucker. Sandra Ford hatte das alles nur erfunden, um ihn hierher zu locken.

Es gab keinen anderen Ausweg mehr, er musste Mama anrufen. Wie gewohnt griff er in die Innentasche seiner Jeansjacke. Doch sie war leer! Und dann fiel es ihm ein: Vorhin, als er auf der Toilette gewesen war, hatte er die Jacke im Esszimmer gelassen. Da musste Sandra sein Handy herausgenommen haben. Sie hatte es geplant, ihn hier einzusperren! Sie hatte alles von Anfang an geplant!

LISTEN TO THIS!

Lea saß bei Johnny und Julie in der Küche und stocherte in ihrem Essen herum. Mrs. Saunders hatte Spinattortellini mit Tomatensoße gekocht. Die mochte sie eigentlich, aber heute war ihr der Appetit vergangen. Und den anderen schien es genauso zu gehen.

«I hope the police will do everything to help your parents», seufzte Mr. Saunders.

Das hoffte Lea auch. Mama und Papa waren mit der Polizei zum *Waldorf-Astoria* gegangen, um die Adresse von Sandra Ford zu erfahren.

«Und du bleibst bei den Saunders und rührst dich nicht vom Fleck!», hatte Mama angeordnet. «Ein verschwundenes Kind reicht mir.»

Als ob sie so blöd wäre, mit irgendeiner fremden Frau mitzugehen! Lea verstand immer noch nicht, warum Niklas das getan hatte. Es konnte doch nicht nur daran liegen, dass er den Diebstahl des Diamantenrings aufklären wollte.

«Wer möchte Erdbeereis zum Nachtisch?», fragte Mrs. Saunders und schaute in die Runde.

Lea nickte. Ein Erdbeereis konnte sie immer essen.

«Yes, okay», murmelten auch Johnny und Julie.

In dem Augenblick klingelte Leas Handy. Es war Mama.

«Wir haben die Adresse!»

«Super!»

«Die Polizeibeamten haben dem Hotelmanager die Postkarte vorgelegt und ihm erklärt, dass Sandra Ford unter Verdacht steht, Niklas entführt zu haben.»

«Wo wohnt sie denn?»

«In Westchester County, nördlich von New York. Die Fahrt dorthin wird etwa zwei Stunden dauern.»

«Aber zwei Stunden sind doch viel zu lang!», rief Lea entsetzt.

«Die Beamten benachrichtigen gerade die örtliche Polizei. Die wird natürlich sofort losfahren ...»

Lea hörte, wie Mama anfing zu weinen.

«Es wird schon gutgehen», sagte sie leise.

«Wenn diese Frau Niklas was antut, dann ...»

An dem Punkt brach das Gespräch ab. Lea schluckte. Jetzt hatte sie auch auf Erdbeereis keinen Appetit mehr.

Niklas saß auf dem Fußboden und überlegte angestrengt, was er noch unternehmen könnte, um hier rauszukommen. Er hatte zigmal um Hilfe gerufen, weil er hoffte, dass einer der Angestellten ihn hören und die Zimmertür aufschließen würde. Aber es war nichts passiert. Vielleicht hatte Sandra Ford alle ihre Leute nach Hause geschickt.

Zur Not würde er in diesem Zimmer eine Zeitlang

überleben können. Wasser bekam er im Bad, und noch war er pappsatt.

Gab es irgendeine Möglichkeit, wie Mama und Papa ihn finden könnten? Hätte er bloß den anderen von Sandra Ford und seiner Fahrt hierher erzählt!

Cat and Bird, schoss es ihm da durch den Kopf. Vielleicht war die Postkarte ja doch irgendwo in seinem Zimmer.

Plötzlich erschrak er. Unterm Bett hatte sich etwas bewegt! Und dann sah er einen braunen Schwanz. Das war doch Shiva, die siamesische Katze!

Er legte sich flach auf den Bauch und versuchte, sie hervorzulocken, aber sie verschwand sofort in der hintersten Ecke.

«Shiva», flüsterte er. «Hast du Angst vor mir, weil ich so laut geschrien habe?»

Sie rührte sich nicht.

Um sie herum lagen einige Gegenstände. Vielleicht war irgendwas dabei, was ihm helfen konnte.

«Ich tu dir nichts. Lass mich nur mal gucken, was da alles unterm Bett liegt.»

Vorsichtig streckte Niklas seinen Arm aus. Er erwischte ein paar Wollknäuel und einen Stab mit einer Schnur, an der ein kleiner, gelber Gummiball hing.

Shiva fauchte.

«Ich nehm dir dein Spielzeug ja nicht weg», sagte Niklas und richtete sich wieder auf.

Moment mal. Was war denn das? Da glitzerte etwas zwischen den Wollknäueln. Niklas traute seinen Augen nicht. Ein riesiger Diamantenring! Das konnte doch nicht wahr sein! War das der Ring, den Sandra Ford vermisste?

Plötzlich schoss ihm noch ein ganz anderer Gedanke durch den Kopf: Hatte sie die Geschichte mit dem Diebstahl vielleicht nur erfunden? Weil sie ihn neugierig machen wollte, nachdem er ihr erzählt hatte, dass er Detektiv werden wolle? Der Artikel über den gestohlenen Ring hatte am nächsten Tag in der Zeitung gestanden. Das würde bedeuten, dass Sandra Ford gleich nach ihrem Treffen im Museum ihren Ring als gestohlen gemeldet hatte. Und sie hatte natürlich dafür gesorgt, dass die Presse davon erfuhr! Wie konnte er nur so blöd sein, darauf reinzufallen?!

In dem Moment spürte er etwas Weiches an seiner Hand. Es war Shiva, die ihm mit der Zunge über seine Finger fuhr, als ob sie ihn trösten wollte.

«Da bist du ja», flüsterte er und strich ihr sanft über den Rücken.

Johnny klappte seinen Laptop auf. «I thought I might have a look at the other Internet entries that came up when I googled *Sandra Ford*. I didn't have a chance to do that earlier on.»

«Great idea», sagte Julie.

«Da wird's bestimmt lauter Einträge über den gestohlenen Diamantenring geben», meinte Lea.

«Well, let's see.»

Während Johnny den Namen *Sandra Ford* eingab,

108

schaute Lea auf ihr Handy. Wenn doch bloß Mama bald anriefe, um zu sagen, dass alles okay sei. Dass die Polizei Niklas gerettet hätte und er nicht verletzt sei. Und dass man Sandra Ford verhaftet hätte.

«Where did your mother say Sandra Ford lives?», fragte Julie.

«In Westchester County», antwortete Lea. «Das ist nördlich von New York.»

«I wonder how long the local police need to get to her house.»

«Das frage ich mich auch.»

«Listen to this!», rief Johnny da aufgeregt. *«MULTI-MILLIONAIRESS INVOLVED IN TRAGIC CAR ACCIDENT!»*

«Was???», schrie Lea und sprang auf.

«Don't worry. It happened four years ago.»

«Did Sandra Ford drive the car?», fragte Julie.

Johnny nickte. «I'll read the entry to you: *Sandra Ford, well-known multimillionairess with an interest in the visual arts, had an automobile accident not far from her luxurious home in Westchester County yesterday afternoon. There had been heavy rain when she lost control of her Porsche. She was wearing a seat belt, and was only lightly injured. Her son Benjamin (8), who was not wearing a seat belt, was thrown out of the vehicle and suffered severe head injury. He died at the scene of the accident.»*

«How awful», murmelte Julie.

«Yes», seufzte Johnny.

«Was bedeutet ‹seat belt›?», fragte Lea.

«... Sicherheitsgurt.»

«Oh! Heißt das, ihr Sohn war nicht angeschnallt?»

‹That's it.›

«Und bei dem Unfall wurde er aus dem Auto ge-
schleudert und ... ist gestorben. Woran?»

«... An seinen schweren Kopfverletzungen», übersetzte Julie.

«Er wäre jetzt zwölf.» Lea schluckte. «... So alt wie
Niklas.»

«Perhaps she invites boys to her house who remind
her of her son», meinte Julie.

«Glaubst du, sie ist verrückt?»

«Hopefully not.»

«I found another entry», sagte Johnny. ‹This one is
about two and half years old: *FIRST THE SON, NOW
THE HUSBAND! Yesterday it became known that Sandra
and Anthony Ford are going to get a divorce. Their marriage
didn't survive the tragic death of their beloved son Benjamin, who died eighteen month ago in an automobile accident
caused by Sandra Ford.*»

Julie holte tief Luft. ‹That's tough!›

«Das hab ich nicht ganz verstanden!», rief Lea. «Was
war vor zweieinhalb Jahren?»

«Da haben Sandra Ford und ihr Mann sich scheiden
lassen. Ihre Ehe hat den Tod ihres Sohnes nicht über-
lebt.»

«Ich rufe meine Eltern an», sagte Lea. «Das wird sie
sicher interessieren.»

Mama nahm sofort ab. Lea hörte die Enttäuschung

in ihrer Stimme. Vermutlich hatte sie gedacht, es sei die Polizei.

Lea fing an zu erzählen, was Johnny im Internet entdeckt hatte, doch Mama unterbrach sie sofort.

«Ich will das nicht wissen!», schrie sie. «Nicht bevor Niklas in Sicherheit ist.»

«Dann gib mir halt Papa!», sagte Lea energisch.

Der hörte ihr zu, ohne sie auch nur einmal zu unterbrechen.

«Das erklärt einiges», sagte er schließlich. «Vielen Dank an Johnny. Wir melden uns, sobald wir Nachricht von der Polizei haben.»

«Papa, meinst du, die Frau ... Schon aufgelegt.»

«No news so far?», fragte Julie.

Lea schüttelte den Kopf. Lange würde sie das nicht mehr aushalten.

Was war das für ein Geräusch? Reifen, die auf Kies knirschten! Fuhr Sandra Ford jetzt etwa in ihrer Limousine nach Manhattan zurück und ließ ihn hier allein?

Niklas lief zum Fenster. Er konnte nichts sehen, aber das Knirschen hörte er immer deutlicher. Das bedeutete, dass ein Wagen aufs Haus zufuhr. Hatten Mama und Papa ihn doch gefunden?

Hinter ihm miaute Shiva. Er drehte sich um. Sie stand an der Tür und wollte raus.

«Tut mir leid, ich kann selbst nicht raus», sagte er und ging auf sie zu, um sie zu streicheln.

«Don't let the people who are coming to the house take you away!», zischte da eine Stimme hinter der Tür. «If you do that, you'll be in deep trouble!»

Niklas brach der Schweiß aus. Sandra Ford! War sie jetzt vielleicht völlig verrückt geworden? Was sollte diese Drohung bedeuten? Hatte sie etwa eine Waffe in der Hand? Das Bett! Er würde es vor die Tür rücken, damit er vor ihr sicher war!

Es kostete ihn seine ganze Kraft, das schwere Bett zu verschieben. Aber dann hatte er es geschafft!

Keine Sekunde zu früh, denn jetzt hörte er, wie auf der anderen Seite ein Schlüssel im Schloss umgedreht wurde. Sandra Ford versuchte, die Tür zu öffnen, aber es gelang ihr nicht.

«What have you done to the door?», zischte sie. «Why doesn't it open?»

Niklas stemmte sich mit aller Gewalt gegen das Bett. Wie lange würde er die Tür damit wohl zuhalten können?

Im nächsten Augenblick gab es ein Gerangel im Flur, Sandra Ford schrie laut auf, dann fiel etwas Hartes auf den Boden.

Niklas' Herz klopfte.

«Phew! That was close!», sagte eine Frauenstimme.

Er hörte ein Klicken. Waren das Handschellen?

«You bastards!», fluchte Sandra Ford. «Breaking into my house like this!»

«Niklas, this is the police!», rief da eine Männerstimme. «Are you all right?»

«Yes ... yes, I am», antwortete er.

«Had he not barricaded himself like that I would have got to him!», zischte Sandra Ford.

«She's in handcuffs», sagte der Polizist. «You can remove whatever is blocking the door.»

Handcuffs mussten Handschellen sein, dachte Niklas und begann, das Bett von der Tür wegzuschieben. Aber er hatte plötzlich kaum noch Kraft und fing sogar an zu zittern.

«I ... I can't do it ...»

«Oh, you can!», rief die Polizistin. «Just give it another try.»

Shiva miaute und blickte ihn sehnsüchtig an.

«Ja, wir wollen beide raus aus diesem Zimmer», murmelte Niklas.

Beim nächsten Versuch gelang es ihm, das Bett ein kleines Stück zu verrücken.

«You're getting there!», rief die Polizistin und öffnete die Tür einen Spaltbreit.

Ruck, zuck war Shiva verschwunden.

Die hat es gut, dachte Niklas bitter und fing wieder an zu schieben. Er schnaufte vor Anstrengung.

Endlich war es so weit. Die Tür sprang auf, und die Polizistin kam hereingelaufen.

«Niklas!»

Sie nahm ihn in die Arme und hielt ihn fest. Und auf einmal begann Niklas zu weinen.

«It's all right», sagte sie und strich ihm über den Kopf. «Everything is going to be all right.»

Your mobile is ringing!», rief Johnny.

Lea war gerade in der Küche, um sich ein Glas Wasser zu holen.

«Ich komme!»

Auf dem Weg zurück in Johnnys Zimmer verschüttete sie die Hälfte, so aufgeregt war sie.

«Hallo?»

«Alles in Ordnung», hörte sie Papa sagen. «Niklas geht's gut. Und Sandra Ford ist festgenommen worden.»

«Oh, ich bin so froh!!!»

«Wir auch! Das kannst du mir glauben.»

«Habt ihr ihn schon gesehen?»

«Nein, die Polizei hat uns eben angerufen. Wir werden sicher noch 'ne Dreiviertelstunde fahren, bis wir bei ihm sind.»

«Wie geht's Mama?»

«Sie weint und ist ziemlich erschöpft. Wir sind beide mit unseren Nerven am Ende.»

«Und wann seid ihr wieder zu Hause?»

«Ich weiß nicht ... Irgendwann heute Abend. Bleib schön bei den Saunders! Versprochen?»

«Ja!»

«Tschüs, Lea.»

«Bis nachher.» Sie holte tief Luft. Das war gerade nochmal gutgegangen.

«Everything okay?», fragte Julie.

Lea nickte. «Was für ein Segen, dass du diese Postkarte gefunden hast!»

WIE KONNTEST DU NUR?!

Sandra Ford war längst abgeholt worden. Niklas hatte in der Ferne noch ihre roten Locken gesehen.

Nun wartete er mit der Polizistin draußen im Wagen auf Mama und Papa. Er hatte eine Cola bekommen, und sein Handy steckte wieder in seiner Jeansjacke.

«Did Sandra Ford have a pistol?», fragte er nach einer Weile.

Die Polizistin nickte. «She was pointing it towards the door when we approached her.»

«So she could have killed me!»

«Yes, indeed.»

Niklas schluckte. «Do you think she's mad?»

«I'm sure there's an awful lot wrong with her», antwortete die Polizistin.

«I found a big diamond ring under her son's bed», sagte Niklas und erzählte ihr von seiner Vermutung, dass Sandra Ford die Geschichte mit dem Diebstahl erfunden hatte.

«Oh, I'll ring my colleagues in Manhattan straight away», sagte sie und griff nach ihrem Handy. «The whole New York police department heard about the stolen ring!»

Kurz nachdem sie ihr Gespräch beendet hatte, hörte Niklas das bekannte Geräusch von knirschenden Reifen auf Kies.

«There they are!», sagte die Polizistin und zeigte nach hinten.

Er stieg aus und sah, wie Mama aus dem Auto sprang und beinahe stürzte, als sie auf ihn zulaufen wollte.

«Niklas!»

Sie drückte ihn so fest an sich, als ob sie ihn nie wieder loslassen würde. Er bekam kaum Luft.

«Ich hab solche Angst um dich gehabt.»

«Es tut mir leid ...»

Papa drückte ihn auch. Aber dann sah er ihn kopfschüttelnd an, und Niklas spürte seinen Ärger.

«Wie konntest du nur?!»

«Es war blöd von mir ...», gab Niklas kleinlaut zu.

«Nicht nur blöd, es war verdammt gefährlich! Ich dachte, du wärst alt genug, um zu wissen, dass man nicht mit einer fremden Person mitfährt.»

«Ich kannte sie ja schon etwas ...»

«Aber warum das Ganze?», rief Mama. «Weil du dem Diamantendieb auf die Spur kommen wolltest?»

«Nicht nur!», entgegnete Niklas. «Sandra Ford wollte mir auch die Fotoausrüstung von ihrem Sohn zeigen ... und ein Schattenbild, für das er einen Preis bekommen hat ... angeblich ...»

«Der Sohn von Sandra Ford ist tot», sagte Papa.

Niklas schluckte. «Ich ... hab mir schon so was gedacht, als ich sein Zimmer gesehen habe.»

Auf der Rückfahrt erzählte Papa ihm, was Johnny über Sandra Ford herausgefunden hatte. Und da passte auf einmal alles zusammen.

Eins kapier ich immer noch nicht!», rief Lea, als sie abends zu viert bei Niklas im Zimmer saßen. «Warum hast du uns nichts von dieser Sandra Ford erzählt?»

«Ich ... ich hatte Angst, dass ihr mich auslachen würdet.»

«Weil du dich mit 'ner fremden Frau triffst?», fragte Lea.

«Genau.»

Johnny überlegte. «We might have done.»

«Na, seht ihr.»

«But then you started lying to us», sagte Julie vorwurfsvoll. «I bet you invented the newspaper article which said that Sandra Ford put her ring in the jewel box and left the key on her bedside table.»

Niklas wurde rot. «Ja, das stimmt. Tut mir leid ... Ich hab irgendwie den Zeitpunkt verpasst, euch alles zu erzählen ...»

«Ganz schön gemein von dir!», rief Lea.

«Ja, ich weiß ...»

Niklas schlug sich plötzlich mit der Hand gegen die Stirn. «Dabei fällt mir was ein! Das wisst ihr ja noch gar nicht!»

«Tell us!», sagte Johnny.

«Ich hab ihn gefunden!»

«Wen?», fragte Lea.

«Den Ring!»

Die drei starrten ihn entgeistert an.

«Er lag unter dem Bett von Sandra Fords Sohn.»

«But why did she claim it was stolen?», fragte Julie.

«Ich bin mir auch nicht sicher. Ich hatte ihr im Museum erzählt, dass ich gern Detektiv werden würde ...»

«I'm beginning to understand», sagte Johnny. «She invented the story of the stolen ring in order to get to know you.»

«Genau.»

«Mensch, Niklas!», rief Lea. «Das hätte wirklich schiefgehen können.»

Er nickte. «Wie gut, dass Mama die *Cat and Bird*-Postkarte gefunden hat.»

«Your mother didn't find it», sagte Julie leise. «I did.»

«Echt?» Niklas schluckte. «Danke, Julie.»

DON'T GIVE UP PHOTOGRAPHY!

Am nächsten Tag um kurz vor zehn rief Mama Rob an, um sich bei ihm dafür zu bedanken, dass er ihr gestern Morgen Bescheid gesagt hatte.

«If you hadn't done that we wouldn't have started looking for Niklas until the afternoon and that might have been too late ... Yes, he's all right ... It was a dangerous situation! ...» Niklas war es etwas unangenehm zu hören, wie Mama sich mit Rob noch einmal über den Vorfall mit Sandra Ford unterhielt.

«No, he won't be going to the *MoMA* today because we have to go back to the police for another interview ... Of course you can!»

Mama reichte ihr Handy an Niklas weiter. «Rob möchte kurz mit dir sprechen.»

«Okay ...»

«Hi», sagte Rob. «Did you have a good sleep?»

«Yes», antwortete Niklas. «I slept ... for nearly ten hours.»

«I'm so sorry that you had such a nasty experience here in New York.»

«It was ... my own fault ... Thank you for ringing my mother!»

«I'm glad I was able to help you. That red-haired woman was really quite strange. I noticed her a couple of times in the museum. On Monday she asked me what I was teaching in my course.»

Vielleicht war sie so auf die Idee mit dem Schatten-bild gekommen, dachte Niklas.

«She went around telling people that she worked for an auction-house, but it's not true.»

«I believed her», murmelte Niklas. Sogar ihre Arbeit als Kunstauktionärin hatte Sandra Ford erfunden

«She must have put on quite a show», sagte Rob. «Anyway ... it's over! We'll miss you today. Do you know that your photos are the best I've had from my summer course students in a long while? And you're only twelve!»

Niklas strahlte. Was für ein Riesenkompliment für seine Fotos! «Thanks.»

«So don't give up photography!»

«No, I won't. And thank you ... for everything. I learnt a lot.»

«Good luck!»

«Bye-bye», sagte Niklas und legte auf.

Mama schaute ihn fragend an. «Na, hat er deine Fotos gelobt?»

«Hm ...»

«Papa und ich finden auch, dass sie richtig gut sind.»

Lea und Johnny hatten morgens überlegt, ob sie nach diesen aufregenden Ereignissen den letzten Tag ihres Camps ausfallen lassen würden, aber Mrs. Saunders hatte sie überreden können, doch hinzufahren. Und Julie war zu ihrem Design-Kurs gegangen.

Mama und Niklas saßen inzwischen auf der Polizeiwache und warteten darauf, dass der Beamte, der gestern mit Mama und Papa nach Westchester County gefahren war, sie zu sich hereinrief.

«Warum sollten wir denn nochmal kommen?», fragte Niklas.

«Es geht darum, dass inzwischen die Angestellten von Sandra Ford vernommen worden sind. Und darüber will der Beamte mit uns reden», antwortete Mama.

Ein paar Minuten später ging endlich die Tür auf, und ein Polizist, der mindestens zwei Meter groß war, winkte sie herein.

Er gab ihnen die Hand und deutete auf zwei Stühle vor seinem Schreibtisch.

«Niklas, you're lucky!», sagte er, nachdem sie sich gesetzt hatten. «Sandra Ford has had a serious breakdown. She's in a closed psychiatric ward.»

‹Closed psychiatric ward›? Das musste eine geschlossene psychiatrische Station sein, vermutete Niklas.

«Did she do this before … inviting boys to her house?», fragte Mama.

Der Beamte nickte. «Her staff were interviewed this morning. The chauffeur said that in the last few years he drove three boys up from Manhattan. But according to the butler there have been more than three. The others probably came from the area.»

Niklas schluckte. So viele Jungen waren durch Sandra Ford in Gefahr geraten.

«And had she ever locked anybody into her son's room?», wollte Mama wissen.

«No, apparently not», antwortete der Beamte. «Her illness must have got worse in recent months. And perhaps Niklas reminded her more of her dead son than anybody else before. That's why she didn't want to let him go.»

Mama legte schützend ihren Arm um Niklas' Schulter. «I'm so relieved that the police got there in time!»

«We are too!»

Abends trafen sie sich alle im Central Park, um zusammen im Boathouse zu essen.

War es erst fünf Tage her, dass sie hier mittags auf der Terrasse gesessen hatten?, fragte sich Niklas. Seitdem war so viel passiert!

«What a pity that you're going to Cape Cod on Monday», sagte Mr. Saunders und schaute in die Runde. «We'll miss you, won't we?»

Papa nickte.

«Ich freu mich darauf, endlich ans Meer zu kommen!», meinte Mrs. Saunders. «Diese Hitze ist wirklich kaum auszuhalten!»

«So geht's mir auch», seufzte Mama. «Und dazu all die Aufregung!»

«Dürfen wir aufstehen?», rief Lea.

«Ja, aber nicht so weit weglaufen!»

«Nein, wir gehen nur zum Steg.»

Lea und Johnny liefen vorweg, Niklas und Julie folgten ihnen.

Die Wasseroberfläche des Sees war so glatt, dass sich ein Wolkenkratzer perfekt darin spiegelte.

Niklas zog seine Kamera aus der Tasche und machte ein Foto. Toll sah das aus!

«Are you glad to get away from here after what happened yesterday?», fragte Julie.

Er schüttelte den Kopf. «Ich mag New York. Und ich werde irgendwann wiederkommen.»

«Wer weiß, was in Cape Cod passieren wird», sagte Lea und kicherte. «Vielleicht wartet da schon der nächste Fall auf uns.»

«I'm not keen on playing detective any more», meinte Julie.

«Neither am I», murmelte Johnny. «It's far too dangerous.»

Niklas schaute in die Runde und nickte. «Aber wir bleiben trotzdem Freunde.»

«Yea, you bet!», antwortete Julie.

«Ich hätte gern noch weiter Detektiv gespielt», schmollte Lea.

Doch keiner ging auf sie ein.

Da gab sie Johnny schließlich einen Knuff in die Seite. «Komm, wir haben noch keinen Nachtisch gehabt.»

Niklas sah ihnen nach, wie sie ins Restaurant zurückrannten. Irgendwann würde auch Lea begreifen, in welcher Gefahr er geschwebt hatte.

Auf dem See lag ein orangeroter Schimmer. Er machte noch ein paar Aufnahmen von dem Spiegelbild des Wolkenkratzers. Vielleicht würde das eine schöne Serie ergeben.

«Can I have a look?», fragte Julie.

Niklas reichte ihr die Kamera.

«Wow! Your photos are pretty cool!»

«Danke.»

«Do you know ... I was wondering ... perhaps we can start mailing each other once I'm back in Cape Town ...»

«Ja, das fänd ich auch gut!»

Niklas warf einen letzten Blick auf den See. Irgendwas in seinem Innern fühlte sich auf einmal ganz leicht an.

«Shall we go and get some dessert?» fragte Julie.

Er nickte.

Und dann liefen sie zusammen zurück zum Boathouse.

RENATE AHRENS

1955 in Herford geboren, studierte Englisch und Französisch in Marburg, Lille und Hamburg. Zu ihren Veröffentlichungen gehören Kinderbücher, Drehbücher fürs Kinderfernsehen, Hörspiele, Theaterstücke und zwei Romane für Erwachsene.

Nach ihrem Studium verbrachte sie eine längere Zeit in Manhattan.

Seit 1986 lebt sie abwechselnd in Dublin und Hamburg. Nach «Rettet die Geparde» und «Vergiftete Muffins» ist das der dritte Band der spannenden deutsch-englischen Kinder-Krimi-Reihe «Detektives at work» von Renate Ahrens.